Diabolo für Fortgeschrittene

Edition Aragon
Aragon GmbH
Amselstraße 8
47445 Moers
Deutschland
Telefon 02841-16561
Fax 02841-24336
Email: aragon-moers@web.de
www.aragon-verlag.de

Lektorat: Willi Klauke
Übersetzung: Paul Keast, Gabi Keast
Satz: S&ES, Vettelschoß
Druck: Memminger MedienCentrum AG
Printed in Germany
ISBN-10: 3-89535-415-5
ISBN-13: 978-3-89535-415-1

Diabolo für Fortgeschrittene

Todd Strong

Edition Aragon

Inhaltsverzeichnis

EINLEITUNG

Ohne Zweifel: Das Diabolo wird immer beliebter. Heutzutage stellen mehrere Firmen hochwertige Diabolos her, die nicht nur länger halten als frühere Modelle, sondern auch besser ausgewuchtet sind. Das heißt, sie drehen sich länger und ermöglichen dadurch kompliziertere Tricks. Die Diabolospieler von heute nützen diese neuen Hochleistungsdiabolos, um noch nie dagewesene Trickvarianten zu entwickeln. In meinem ersten Diabolobuch erwähnte ich, daß das Buch nur ein Anfang sei; viele neue Diabolotricks warteten noch darauf, erfunden und entdeckt zu werden. Diese Prophezeiung hat sich auch bewahrheitet. In den paar Jahren seit Erscheinen von 'Diabolo – spielend lernen' hat es mich gefreut und erstaunt, so viele neue Möglichkeiten und Tricks zu entdecken und kennenzulernen. Diese neuen Tricks und Ideen machen ein zweites Buch für all diejenigen notwendig, die mit ihrem Diabolospiel eine weitere Entwicklung machen wollen.

Ich möchte mich bei all den Diabolospielern bedanken, die weiterhin dabei sind, diese Kunst zu entwickeln und zu erweitern. Besondere Hilfe bei der Erstellung dieses Buches leisteten Heymo Vehse, Markus, Fli-Vo, Jochen Schell, Gilles Le Leuch und Michael Korthaus. Ich danke Euch dafür, daß Ihr bereit wart, Eure Zeit, Eure Energie und Eure Kreativität mit anderen zu teilen. Und ich schließe mit einer Bitte: bleibt weiterhin auf der Suche nach neuen Ideen.

Todd Strong

Kapitel I

DIE GÄNGIGEN BEGRIFFE

Bevor wir damit beginnen, all die spektakulären neuen Tricks zu erlernen, müssen wir uns auf eine gemeinsame Sprache verständigen. Richtungen wie links, rechts, vorne und hinten werden aus der Perspektive des Diabolospielers angegeben. Das Publikum bei einer Vorführung sieht es anders herum, und auch Du, wenn Du die Bilder in diesem Buch anschaust. Keine Sorge – Richtungsanweisungen, die Dir beim Lesen des Buches verkehrt vorkommen, werden plötzlich einen Sinn haben, sobald Du ein Diabolo drehen läßt. Du brauchst nur daran zu denken, daß „rechts" Deiner rechten Hand entspricht, während Du mit dem Diabolo spielst.

Die Achse des Diabolos definiert eine imaginäre „Wandebene", die im rechten Winkel zu Deiner Blickrichtung verläuft. Im Normalfall steht der Diabolospieler hinter der Wandebene, während das Publikum davorsteht oder -sitzt. Bestimmte Tricks erfordern, daß Du in der Wandebene stehst. Das heißt, Du bewegst Dich nach vorne in die Wandebene hin-

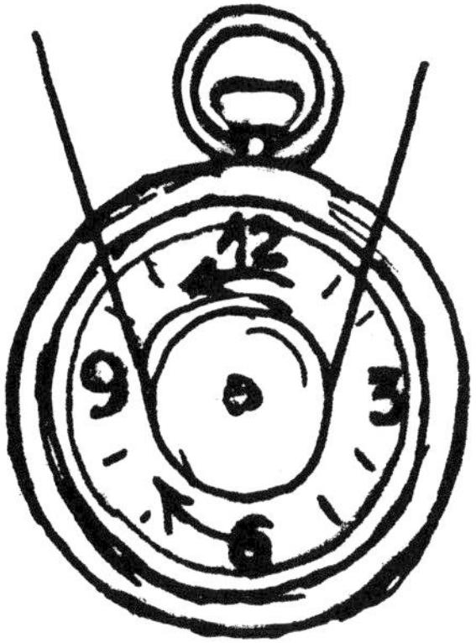

ein. Das Diabolo befindet sich dann zu Deiner Rechten oder Deiner Linken.

Stellenweise verwende ich die Begriffe „im Uhrzeigersinn" oder „gegen den Uhrzeigersinn". Auch diese Richtungen beziehen sich auf den Diabolospieler, nicht den Leser. Wenn Du Dir vorstellst, das Diabolo vor Dir sei eine Uhr, dann wirst Du die Drehrichtung automatisch richtig verstehen. Rechtshändige Diabolospieler werden beispielsweise immer ein gegen den Uhrzeigersinn drehendes Diabolo vor sich haben.

Die Anweisungen beziehen sich gelegentlich auf eine andere Uhr, die in der Wandebene schwebt.

Senkrecht nach oben heißt zwölf Uhr, senkrecht nach unten, sechs Uhr. Wenn Deine rechte Hand nach außen zeigt, ist es drei Uhr. Du verstehst schon.

Uhrzeigersinn und gegen den Uhrzeigersinn beziehen sich manchmal auch auf eine Drehung – des Körpers und/oder des Diabolos – in der horizontalen Ebene. In solchen Fällen verstehen sich die Begriffe aus der Vogelperspektive. Bei Drehungen im Uhrzeigersinn wendest Du Dich nach rechts, gegen den Uhrzeigersinn nach links.

Wieviele Schnüre gibt es?

Ich weiß – eigentlich gibt es nur eine Schnur zwischen den beiden Handstöcken. Aber es wäre zu umständlich, immer schreiben zu müssen: „das Schnursegment, das vom rechten Handstock herunterhängt". Statt dessen einigen wir uns darauf, dieses Schnursegment als „die rechte Schnur" zu bezeichnen. Entsprechend meint „die linke Schnur" das Schnursegment, das vom linken Handstock herunterhängt. Ich hoffe, Du gönnst mir die Freiheit, ab und zu von linker und rechter Schnur zu sprechen, auch wenn wir alle wissen, daß es in Wirklichkeit nur eine Schnur ist.

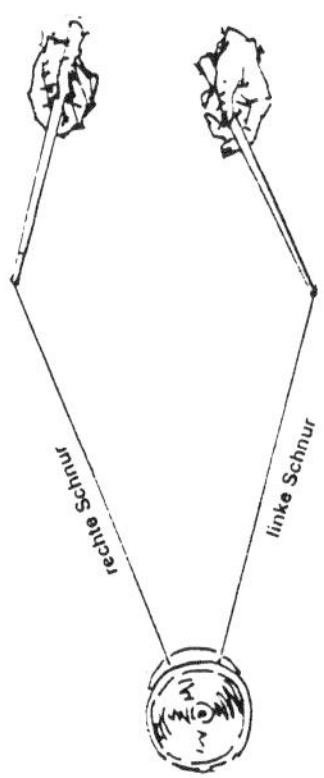

SPEKTAKULÄRE ANFÄNGE MIT EINEM DIABOLO

Du kannst bereits ein Diabolo andrehen und einige beeindruckende Tricks vorführen. Es folgen einige Möglichkeiten, sofort die Aufmerksamkeit auf dich zu ziehen, während Du nur Dein Diabolo antreibst.

Le Mans Start

Mit der Spitze des rechten Handstocks schiebst Du das Diabolo über den Boden, so daß es nach links rollt. Während das Diabolo rollt, zeige mit dem linken Handstock nach unten, so daß das Diabolo über die Schnur rollt. Heb beide Hände und fang an, das Diabolo anzudrehen.

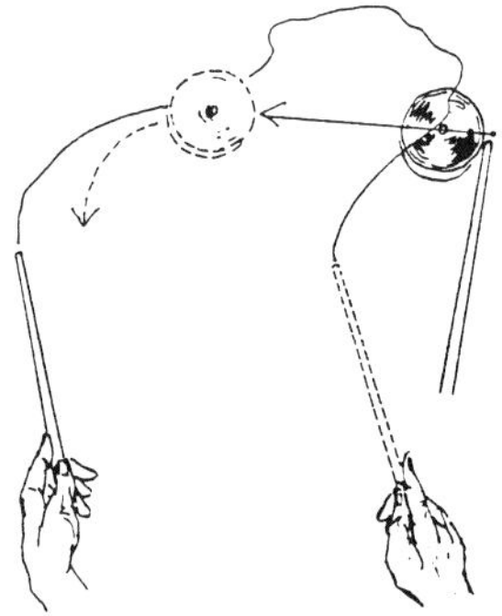

Die Schnur unter die Achse peitschen

Mit dieser Methode beginnt Deine Nummer explosionsartig. Das Diabolo liegt bewegungslos vor Dir. Mit einer peitschenden Bewegung bringst Du die Handstöcke so schnell nach unten, daß die Schnur unter das Vorderrad des Diabolos schlüpft und unter der Achse hängenbleibt. Jetzt kannst Du das Diabolo wie gewohnt andrehen.

Das Diabolo hochwerfen

Halte das Diabolo in Deiner rechten Hand und beide Handstöcke in der linken. Wirf das Diabolo senkrecht nach oben, so daß es sich gegen den Uhrzeigersinn dreht. Während das Diabolo in der Luft ist, gib einen Handstock in die rechte Hand, streck Deinen rechten Arm hoch, fang das Diabolo auf der ausgestreckten Schnur auf und dreh es gleich an.

KORREKTUREN MIT EINEM DIABOLO

Im Buch 'Diabolo – spielend lernen' beschrieb ich verschiedene Möglichkeiten, ein Diabolo zu korrigieren. Du weißt also, daß Du die rechte Hand vor- oder zurückbewegen kannst, um das Diabolo waagerecht zu halten. Du weißt auch, wie Du das Diabolo mit dem rechten Handstock antippen mußt, um es in die Wandebene zurückzubringen, wo es gerade zum Publikum zeigt. Hier nun einige zusätzliche Korrekturmethoden. Die zweite funktioniert nicht nur bei einem Diabolo, sondern wird sich auch später als nützlich erweisen, wenn Du zwei oder mehr Diabolos in die Luft wirfst.

Korrektur mit dem linken Handstock

Anstatt mit dem rechten Handstock das Vorderrad zu berühren, um das Diabolo im Uhrzeigersinn zu drehen, kannst Du auch den linken Stock senkrecht halten und ihn an der linken Hälfte des Hinterrads reiben lassen.

Von oben gesehen können wir das Diabolo in vier Quadranten unterteilen. Druck auf das linke Vorderrad oder das rechte Hinterrad läßt das Diabolo gegen den Uhrzeigersinn drehen. Wenn Du das rechte Vorderrad oder das linke Hinterrad mit dem Handstock berührst, dreht sich das Diabolo im Uhrzeigersinn.

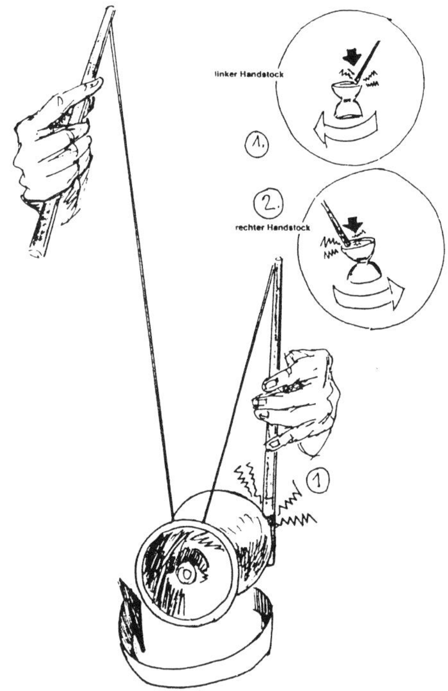

Das Diabolo waagerecht halten, während Du es in die Luft wirfst

Du weißt ja, daß Du das Diabolo in der Horizontalen halten kannst, indem Du die Hände vor oder hinter die Wandebene bringst. Durch eine ähnliche Bewegung der Arme, während Du das Diabolo im ständigen Rhythmus hochwirfst und wieder auffängst, bleibt das Diabolo auch in der Luft gerade. Fang es auf die normale Art, aber bring die rechte Hand nach vorne oder nach hinten, während Du es wieder abwirfst. Merk Dir: rechte Hand vor der Wandebene läßt das Vorderrad nach unten neigen; rechte Hand hinter der Wandebene, Vorderrad nach oben.

Hochwerfen und gleichzeitig korrigieren

Während des ständigen Hochwerfens kannst Du das Diabolo auch mit dem Handstock korrigieren. Du mußt Dich natürlich beeilen. Das Diabolo sitzt nicht auf der Schnur und wartet auf Dich, sondern wird ständig aufgefangen und hochgeworfen. Unmittelbar nach dem Auffangen auf der rechten Schnur läßt Du den rechten Handstock dem Diabolo nach unten folgen. Während das Diabolo die rechte Schnur hinunterrollt, laß die Spitze des Handstocks das Vorder- oder Hinterrad streifen, um das Diabolo mit oder gegen den Uhrzeigersinn in der horizontalen Ebene zu justieren.

AUSGEFALLENE ANTRIEBSTECHNIKEN

Die chinesische Senkrechtpeitsche

Chinesische Diabolospieler sind wahre Meister dieser Technik. Mit der Schnur einmal voll um die Achse gewickelt, peitschst Du das Diabolo mit der rechten Hand senkrecht rauf und runter. Mach Dir keine Vorwürfe, wenn es nicht sofort klappt. Aufgrund der viel breiteren Achse läßt sich dieser Trick mit dem chinesischen Holzdiabolo viel leichter lernen als mit dem westlichen Diabolo. Du mußt aufpassen, daß sich die Schnur nicht verfängt. Das merkst Du daran, daß das Diabolo außer Kontrolle gerät und die Schnur plötzlich hochläuft. Es geht leichter, wenn Du die linke Hand etwas vor der Wandebene und die rechte etwas dahinter hältst, damit sich die Schnur nicht verknotet.

Die Peitsche mit hochgehaltenen Händen

Die meisten Leute lernen diese Technik am leichtesten, wenn sie zunächst die Arme überkreuz halten. Wirf das Diabolo hoch, kreuze den linken Arm über den rechten und fang das Diabolo auf der linken Schnur auf (das heißt, das Schnursegment, das vom linken Handstock herunterhängt). Das Diabolo läuft die linke Schnur hinunter und kommt zwischen Deinen überkreuz gehaltenen Armen zur Ruhe.

Schwinge das Diabolo gegen den Uhrzeigersinn über beide Arme hinweg, so daß es auf der linke Seite außerhalb Deiner Arme landet. Jetzt beförderst Du das Diabolo im Bogen wieder über beide Arme nach rechts. Bewege beide Handgelenke gleichzeitig hin und her, damit das Diabolo über beide Arme zwischen der rechten und der linken Außenposition hin und her läuft. Das Diabolo beschreibt einen Regenbogen über Deinen Armen.

Für diese Technik ist die halbe Schlinge in der Schnur nicht unbedingt notwendig, aber die meisten finden, sie macht das Lernen einfacher. Sobald Du ein Gefühl dafür bekommen hast, kannst Du es mit offener Schnur probieren. Warte so lange, bis das Diabolo die Schnur auf Spannung gebracht hat, bevor Du es in die andere Richtung ziehst. Wenn Du zu früh zurückziehst – d.h. bevor das Diabolo in der richtigen Position angekommen ist – hast Du plötzlich nur noch eine leere Schnur vor Dir. Das Diabolo wird fröhlich an der Schnur vorbeifliegen, und Du wirst es in irgendwelchen Büschen suchen müssen.

Wenn bei dieser beidhändigen Schwingbewegung die rechte Hand der linken einen Tick voraus ist, wird das Diabolo dadurch angetrieben.

Kapitel II

TRICKS MIT EINEM DIABOLO

Spaghetti

Mehrere Spaghetti-Varianten wurden im Buch 'Diabolo – spielend lernen' beschrieben. Einige Leute sagen „Knoten" dazu. Der folgende Abschnitt enthält einen neuen Spaghetti-Trick und eine detaillierte Erklärung der ersten drei Spaghetti-Tricks aus dem ersten Buch.

Neuer Spaghetti-Trick

1) Bewege die rechte Hand vor die Wandebene und nach links, so daß die rechte sich oberhalb der linken Hand auf der linken Seite befindet.

2) Bringe die rechte Stockspitze wieder in die Wandebene zurück und dann nach rechts. Die rechte Schnur macht einen 90°-Winkel über dem linken Handstock, bevor sie nach unten zum Diabolo führt.

3) Mit einer kreisenden Bewegung im Uhrzeigersinn führst Du die rechte Hand unter die Achse des Diabolos, bis die Hände überkreuz sind, wobei die linke Hand oben ist.

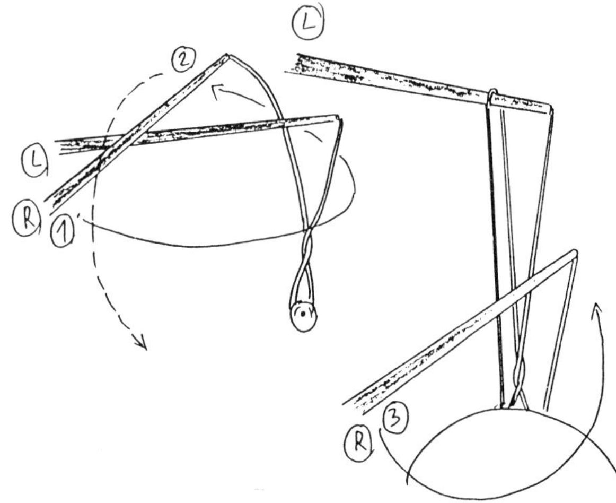

4) Leg beide Handstöcke in die linke Hand und wirf das Diabolo ruckartig hoch. Das Diabolo verläßt die Schnur und fliegt nach oben.

Der Spaghetti-Trick – a new way

Wichtig bei diesem Trick ist vor allem, den rechten Handstock so weit herumzudrehen, daß sich bis auf ein paar Zentimeter an der Spitze der ganze Stock vor der Wandebene befindet. Der rechte Handstock zeigt während der ganzen Übung zu Dir hin.

1) Führe den rechten Handstock über den linken Handstock, so daß die rechte Schnur über den linken Handstock gezogen wird.
2) Mit einer kreisenden Bewegung des rechten Handstocks gegen den Uhrzeigersinn führst Du die Schnur unter die Achse des Diabolos. Die rechte Hand ist nun wieder auf der rechten Seite, etwas höher als das Diabolo, das jetzt auf zwei Schnüren liegt.
3) Zieh den rechten Handstock vor der Wandebene nach links, so daß die rechte Hand nun auf der linken Seite ist. Noch immer zeigt der rechte Handstock zu Dir hin.
4) Die rechte Hand bewegt sich im Uhrzeigersinn über den linken Handstock, bis sie wieder auf der rechten Seite ankommt.
5) Setze diese Kreisbewegung der rechten Hand im Uhrzeigersinn fort und führe die Schnur wieder unter der Achse des Diabolos entlang. Die rechte Hand befindet sich jetzt wieder auf der linken Seite, und eine dritte Schnur läuft jetzt unter dem Diabolo entlang.
6) Richte beide Handstöcke nach unten. Das Gewicht des Diabolos zieht alle zusätzlichen Schlingen über die Enden der Handstöcke nach unten, wo es sich frei weiterdrehen kann, ohne sich zu verknoten.

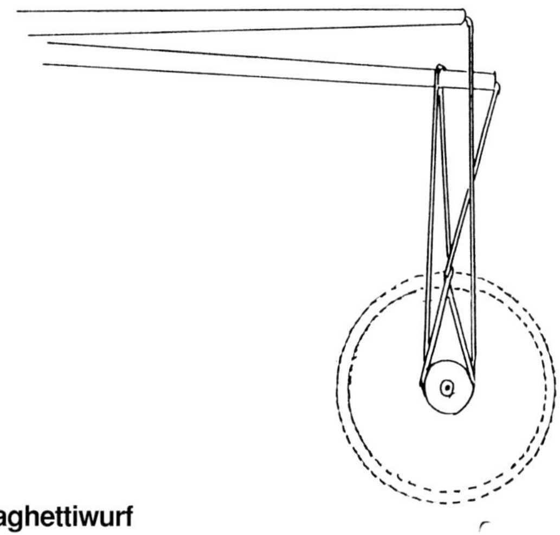

Spaghettiwurf

Dieser Trick ist die Fortsetzung des vorherigen. Die ersten fünf Schritte sind gleich. Ab Schritt 6 wird's anders.
6) Beschreibe noch einen vollständigen Kreis im Uhrzeigersinn über dem linken Handstock und unter dem Diabolo entlang.
7) Leg beide Handstöcke in eine Hand. Mit einem Ruck aus dem Handgelenk wirfst Du das Diabolo hoch. Achte dabei darauf, daß es rechts neben den beiden Handstöcken hochfliegt, nicht durch ihre Mitte, damit sich die Schnur entwirren kann.

Spaghettiwurf gepeitscht wieder aufgefangen

Eigentlich kannst Du diese Methode immer anwenden, wenn Du das Diabolo auffangen willst. Aber es bietet sich an, sie an dieser Stelle zu beschreiben, weil das Diabolo gefangen werden muß und Du sowieso schon beide Handstöcke in einer Hand hältst.

Während das Diabolo vor Dir fällt, laß die Schnur mit einer peitschenden Bewegung der Handstöcke nach vorne schnellen. Die Schnur fliegt über die Wandebene hinaus, schlüpft über das Vorderrad und wird dann zurückgezogen, damit sie unter der Achse hängenbleibt.

Der Clou bei diesem Trick liegt darin, die Schnur so schnell herauszupeitschen, daß sie ganz gestreckt wird und durch die Geschwindigkeit Spannung bekommt. Wenn Du nicht schnell genug peitschst, wirst Du die Schnur nicht ausreichend unter Kontrolle bringen, um das Diabolo auffangen zu können.

Die Schnur aufwickeln

Dieser Trick wirkt jedesmal verblüffend, er läßt sich aber schwer beschreiben. Der rechte Handstock leistet die ganze Arbeit; der linke bleibt als Bezugspunkt

stehen. Für viele ist es hilfreich, an vier Quadranten rund um das Diabolo zu denken.

Nach jedem Schritt solltest Du darauf achten, daß sich die Spitze des rechten Handstocks im richtigen

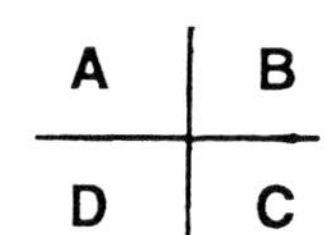

Quadranten befindet. Bitte bedenke, daß alles sehr schnell gehen muß, sonst kippt das Diabolo, während Du die Schnur aufwickelst.

1) Halte den linken Handstock horizontal und gänzlich in der Wandebene. Die Spitze des rechten Handstocks ist in Quadrant B.

2) Bewege den rechten Handstock nach vorne über den linken, so daß er sich vor und links vom Diabolo befindet. Die Spitze des rechten Handstocks ist nun in Quadrant A.

3) Zieh den rechten Handstock gerade nach hinten über den linken Handstock. Die Spitze des rechten Handstocks ist jetzt hinter der Wandebene in Quadrant D.

4) Führe den rechten Handstock nun gegen den Uhrzeigersinn unter der Achse des Diabolos entlang und wieder hoch, ohne die Wandebene zu verlassen. Die Spitze des rechten Handstocks hat jetzt Quadrant C erreicht.

5) Der rechte Handstock geht von hinten nach vorne über den linken Handstock. Die Spitze des rechten Handstocks ist in Quadrant B.

6) Führe den rechten Handstock nach unten, unter dem Diabolo entlang und wieder über den linken

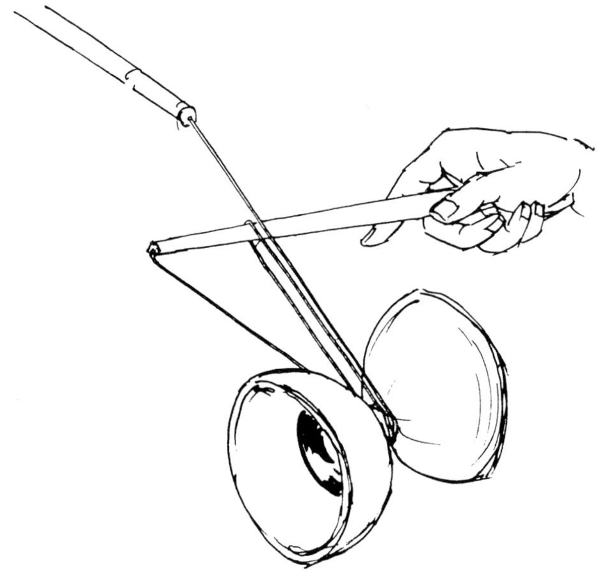

Handstock, also mit anderthalb Drehungen. Die Spitze des rechten Handstocks passiert die Quadranten B und D in diagonaler Richtung. Die Spitze des rechten Handstocks ist unterhalb des Diabolos in Quadrant D.

7) Der rechte Handstock bleibt in Quadrant D und steigt senkrecht hoch, um dann links vom Diabolo über den linken Handstock geführt zu werden. Die Spitze des rechten Handstocks ist nun in Quadrant A.

8) Der rechte Handstock bleibt vor der Wandebene, während Du ihn jetzt unter der Achse des Diabolos entlang wieder auf die rechte Seite führst. Die Spitze des rechten Handstocks ist in Quadrant B.

9) Achte darauf, daß sich das Diabolo zwischen den Handstöcken befindet, gib beide Handstöcke in die linke Hand und zieh das Diabolo mit der rechten Hand heraus.

Wenn Du schnell genug bist und sich das Diabolo immer noch dreht, kannst Du es hinauswerfen, statt es mit der Hand herausziehen. Auf diese Weise mußt Du es nicht noch einmal andrehen.

SPRÜNGE MIT EINEM DIABOLO

Sprünge nenne ich die tollen Tricks, bei denen das Diabolo die Handstöcke oder verschiedene Körperteile überspringt. Bei den Sprüngen kommt es auf die Richtung an. Sofern die Sprünge in der richtigen Richtung ausgeführt werden, wird das Diabolo jedesmal beschleunigt, wenn es die Schnur herunterrollt. Für Rechtshänder heißt das: das Diabolo fliegt im Uhrzeigersinn hinüber. Hier einige neue Sprung-Ideen, die ich bisher noch nicht veröffentlicht habe.

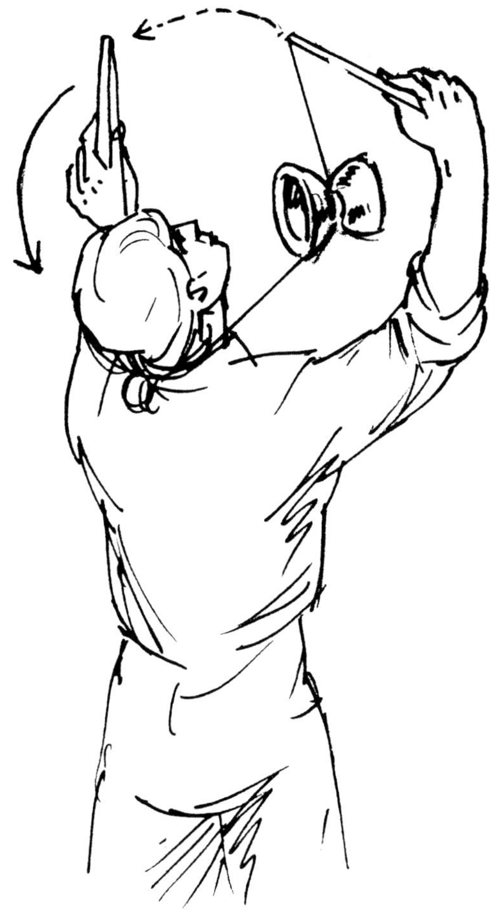

Sprünge über den Kopf

Für diesen Trick ist es nicht unbedingt notwendig, mit dem Rücken zum Publikum zu stehen, aber so sieht es doch am schönsten aus.

Sprünge über den linken Arm

Sprünge über den rechten Arm wurden im ersten Buch gezeigt. Selbstverständlich kannst Du das Diabolo auch über Deinen linken Arm springen lassen. Wichtig dabei ist nur, daß das Diabolo immer von links nach rechts fliegen sollte, damit es die rechte Schnur herunterrollen kann und dadurch beschleunigt wird.

Sprünge über beide Arme gleichzeitig

Vergiß nicht, daß das Diabolo auch über beide Arme gleichzeitig springen kann.

Sprünge in Achterform

Wenn Du das Diabolo über beide Arme springen läßt, kannst Du damit eine interessante Achterfigur beschreiben, wobei es sowohl über als auch unter beiden Armen entlang geführt wird.

Sprünge über das Knie

Dieser Trick unterscheidet sich nicht wesentlich von den Sprüngen über das Bein, sieht aber viel schöner aus. Da Du den Oberkörper aufrecht halten kannst, kannst Du das Publikum direkt anschauen. Durch Blickkontakt wirkst Du irgendwie menschlicher auf das Publikum und stellst eine persönliche Beziehung her. Wirf das Diabolo hoch, setze einen Fuß über die Schnur hinweg nach vorne, knie Dich auf einem Bein hin – und der Rest dürfte kein Problem sein.

Sprünge über das Bein mit Ping-Pong-Variation

Diese Variation läßt sich am einfachsten einbauen, während das Diabolo über das Bein springt, aber sie ist auch bei Sprüngen über andere Körperteile möglich. Anstatt das Diabolo auf der rechten Schnur aufzufangen, so daß es herunterrollt und sich schneller dreht, zieh die rechte Schnur stramm und schicke das Diabolo mit der rechten Hand wieder auf die linke Seite zurück. Das Diabolo springt nun zwischen der linken und rechten Schnur hin und her. Du mußt nur daran denken, daß das Diabolo dabei nicht beschleunigt werden kann.

Einhändige Sprünge über das Bein

Während das Diabolo über das Bein hüpft, kannst Du den linken Handstock in die rechte Hand nehmen. Diese Variante ist zwar einfach, aber der geschlossene Kreis erzeugt eine sehr schöne optische Wirkung.

Sprünge über Arm und Bein kombiniert

Halte Dein rechtes Bein über die Schnur und drehe Dein rechtes Handgelenk nach hinten, damit das Diabolo sowohl über das Bein als auch über den Arm springt.

DIE HANDSTÖCKE LOSLASSEN UND AUFFANGEN

Wenn Du einen Handstock losläßt, so daß er genauso frei wie das Diabolo durch die Luft fliegt, eröffnest Du neue aufregende Möglichkeiten, sowohl für Dich als auch für das Publikum. Nachfolgend einige Ideen – von normal, bis hin zu total verrückt.

Der Handstock-Flip

Zum Warmwerden: wirf das Diabolo hoch. Während es in der Luft ist, laß einen oder beide Handstöcke eine Umdrehung machen – wie eine Jonglierkeule. Sie können sich um 180 oder 360 drehen. Aber: „Vorsicht, Schnur!" Manchmal kommt sie zurück, um Dir einen Peitschenhieb zu verpassen.

Auffangen auf umgedrehten Handstöcken mit Überkopf-Wurf

Laß uns den vorhergehenden Trick etwas spannender machen. Wirf das Diabolo hoch und drehe beide Handstöcke gleichzeitig um 180, so daß Du die „falschen" Enden in den Händen hältst – da, wo die Schnur rauskommt. Fang das Diabolo auf einem Handstock auf. Statt in der Standardposition hinter der Wandebene stehst Du jetzt genau in der Wandebene. Wirf das Diabolo über Deinen Kopf hinweg auf den anderen Stock.

Zwei Dinge gefallen mir an diesem Trick: erstens die Regenbogenform der Flugbahn über Deinem Kopf; zweitens ist dies einer der wenigen Tricks, wo die Schnur locker hängt. Es ist für die Zuschauer ein schöner Tempowechsel, einmal eine ganz normale statt einer strammgezogenen Schnur zu sehen.

Handstöcke tauschen

Anstatt die Handstöcke in derselben Hand wieder aufzufangen, könntest Du sie von einer Hand in die andere wechseln lassen.

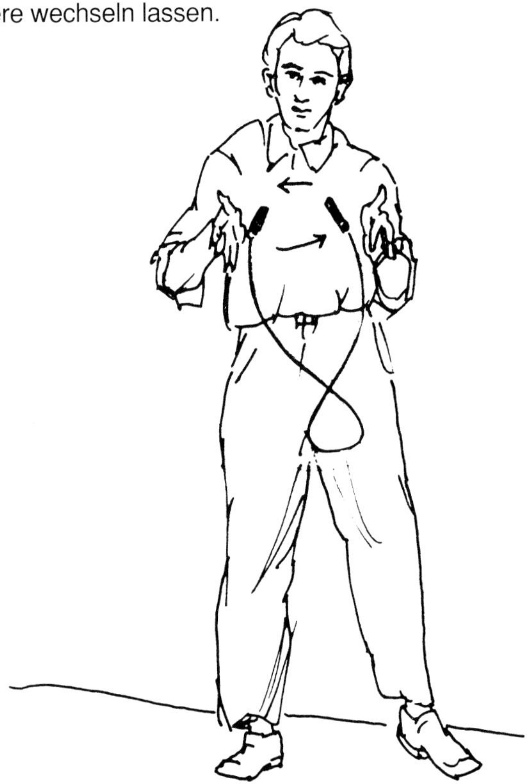

Einen Handstock loslassen

Schwinge das Diabolo nach links für eine Weltreise im Uhrzeigersinn. Wenn das Diabolo bei ca. 11 Uhr angelangt ist, schwinge den rechten Handstock herunter, dem Diabolo hinterher. Laß ihn dann los. Der Handstock schwingt an der Schnur um die Achse des Diabolos. Das Diabolo fällt wieder zwischen Deine Hände, während der rechte Handstock im größeren Bogen herum- und in Deine rechte Hand zurückschwingt.

Sei vorsichtig beim Auffangen eines Handstocks. Eine Methode besteht darin, einen Schritt nach rechts zu tun, in die Wandebene zu gehen und den Handstock auf der offenen Handfläche aufzufangen. So läßt sich die Bewegung des Handstocks besser einschätzen, weil er auf Dich zufliegt. Außerdem hast Du mehr Zeit, die Handposition zu ändern, wenn Du in der Wandebene stehst. Der Nachteil: wenn Du den Abstand falsch einschätzt, schlägt Dir der Handstock auf den Kopf oder auf den Arm.

Eine weitere Methode: Du bleibst hinter der Wandebene stehen und greifst nach dem Handstock, während er vorbeifliegt, mit der Handfläche nach außen oder nach unten. Das sieht zwar nicht so elegant aus, ist aber eindeutig sicherer.

Wenn Du Dich für die erste Methode entscheidest, solltest Du versuchen, den Handstock am unteren Ende zu packen, so wie Du eine Jonglierkeule fangen würdest. Bei der zweiten Methode ist es sinnvoller, oben in der Nähe der Schnur zu greifen.

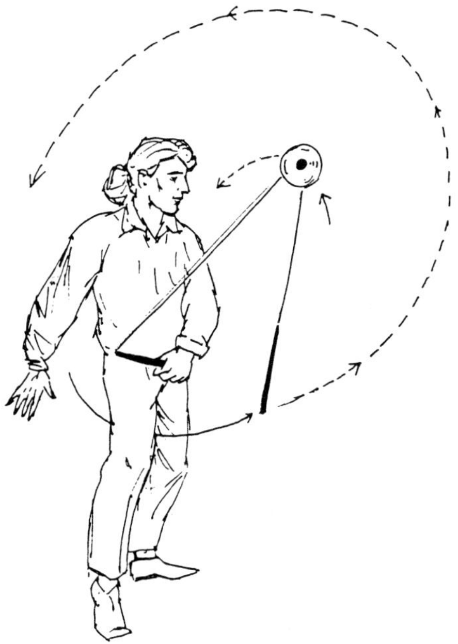

Beide Handstöcke loslassen

Dieser Trick ist eine Weiterentwicklung des vorhergehenden. Wenn das Diabolo an der richtigen Stelle ist – ca. 11 Uhr – schwingst Du diesmal beide Handstöcke nach links herunter. Laß den rechten kurz vor dem linken los, da er einen weiteren Weg um die Achse des Diabolos vor sich hat.

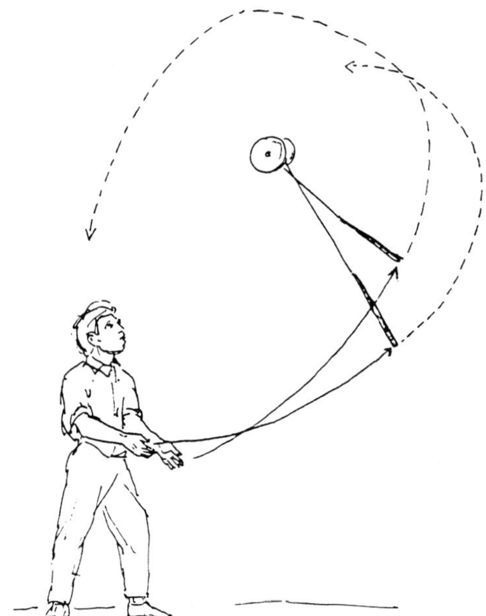

Eine Hand läßt beide Handstöcke los

Eine Variante des vorherigen Tricks besteht darin, beide Handstöcke zuerst in die rechte Hand zu legen und sie dann gleichzeitig loszuwerfen. Das erfordert einen kräftigen Ruck aus dem Handgelenk, sieht aber beeindruckend aus.

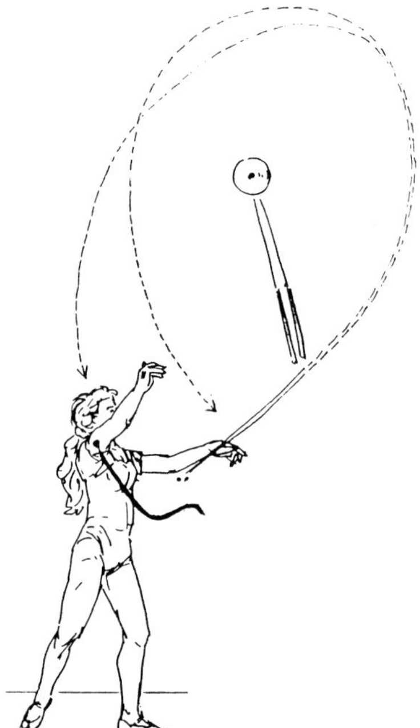

Handstockschwingen aus der Schlinge heraus

Wenn die Schnur einmal um die Achse geschlungen ist, kannst Du den rechten Handstock loslassen, so daß er unter dem linken Arm hindurchschwingt und wieder in der rechten Hand landet. Auf diese Weise entknotet sich die Schnur, und das Diabolo landet in der normalen Ausgangsposition.

Halbe Weltreise mit freischwingendem Handstock

Schwing das Diabolo im Uhrzeigersinn unter der rechten Hand entlang und fang es wieder auf der Schnur, so daß es eine halbe Weltreise macht. Laß den rechten Handstock los, damit er ebenfalls im Uhrzeigersinn unter und dann über dem linken Arm entlangfliegt und wieder in der rechten Hand gefangen wird.

Mehrfache halbe Weltreisen mit freischwingendem Handstock

Wenn Du mehrere halbe Weltreisen hintereinander machst und dann den Handstock losläßt, fliegt er so lange um Deinen Arm herum, bis sich die Schnur vollständig abgewickelt hat. Jede halbe Weltreise entspricht einem großen Kreis des sich abwickelnden Handstocks.

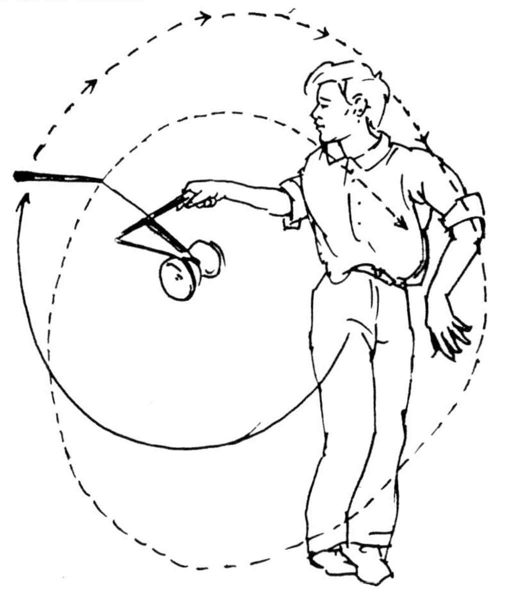

Handstock durch die Beine schwingen lassen

Steige über die Schnur und laß das Diabolo Sprünge um Deinen Körper machen. Sobald das Diabolo zwischen die Beine nach hinten gelaufen und kurz davor ist, Dir über den Rücken nach vorne zu fliegen, läßt Du den rechten Handstock los. Er schwingt ebenfalls durch die Beine und über den Rücken nach vorne, um in der rechten Hand wieder aufgefangen zu werden.

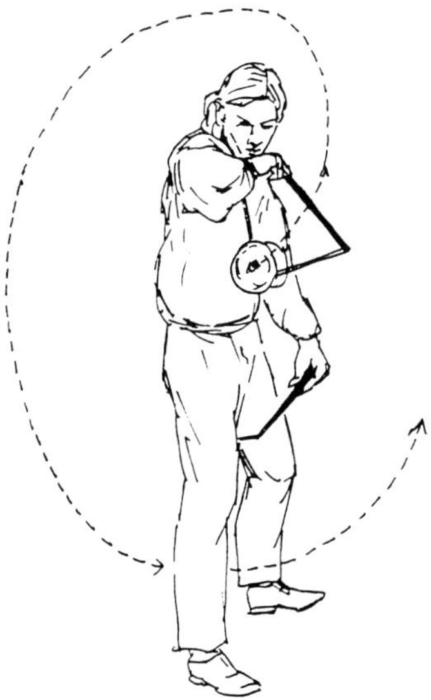

DIE WELTREISE

Mein Buch 'Diabolo spielend lernen' zeigt einige Varianten der Weltreise und der halben Weltreise. Hier einige weitere:

Weltreisen ohne Kilometerbegrenzung

Eine herkömmliche Weltreise endet mit der Schnur einmal verdreht, was ja die weiteren Möglichkeiten einschränkt. Bei etlichen Versionen der Weltreise dreht der Diabolospieler eine Pirouette, um diese Verdrehung zu vermeiden. Eine weitere, ebenso einfache wie elegante Methode besteht darin, die Hände zusammenzubringen und ganz locker den rechten Handstock einmal um den linken herum wieder in die rechte Hand zu geben. Dieses Übergeben um den linken Handstock herum machst Du so viele Male, wie Du Weltreisen machen willst – und am Ende bleibt die Schnur offen.

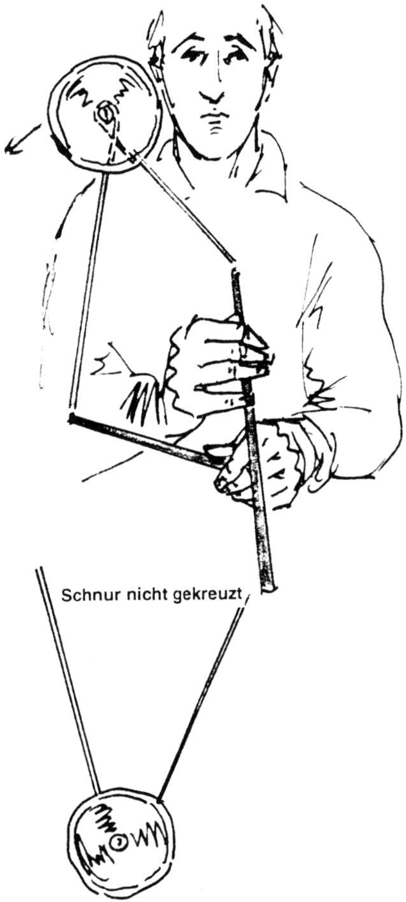

Weltreise in Achterform

Dreh Dich um 90° nach rechts. Laß das Diabolo einen großen Kreis auf Deiner linken Seite beschreiben. Gegen Ende des Kreises ziehst Du mit den Handgelenken das Diabolo nach rechts, so daß das Diabolo einen zweiten Kreis, diesmal auf der rechten Seite, beschreibt. Das Publikum sieht Dein linkes Profil, während sich das Diabolo einmal vor Dir und einmal hinter Dir in einer seitlichen Achterfigur dreht.

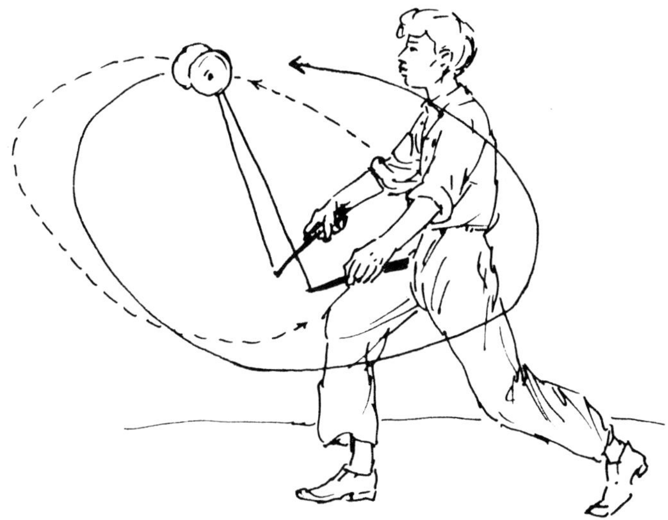

Weltreise mit Pirouette nach rechts

Dieser und der folgende Trick verhalten sich zueinander wie Spiegelbilder. Beide werden hier angegeben, weil ich früher glaubte, daß nur die eine Richtung möglich wäre. Glücklicherweise wurde ich eines Besseren belehrt. Wer immer noch der Meinung ist, daß man nicht in beide Richtungen eine Pirouette drehen kann, während das Diabolo eine Weltreise macht, sollte das folgende überprüfen. Wenn eine gezeichnete Figur es fertigbringt, kannst Du es auch schaffen!

Weltreise mit Pirouette nach links

Bei diesem Trick beschreibt das Diabolo drei voneinander getrennte Kreise, während Du eine Pirouette gegen den Uhrzeigersinn drehst. Laß das Diabolo eine Weltreise vor Dir nach links machen. Dreh Dich dann um 90 nach links und laß das Diabolo noch eine Weltreise zwischen Deinen Armen machen. Dreh Dich weiter nach links, während sich das Diabolo auf seine dritte Weltreise begibt, um von rechts kommend wieder vor Dir zu landen.

Achterform mit einer Hand

Leg beide Handstöcke in eine Hand und versuche die Weltreise in Achterform. Schwing das Diabolo in einem großen Kreis vor Dir, dann zieh das Handgelenk zurück und laß es noch einen großen Kreis hinter Dir beschreiben.

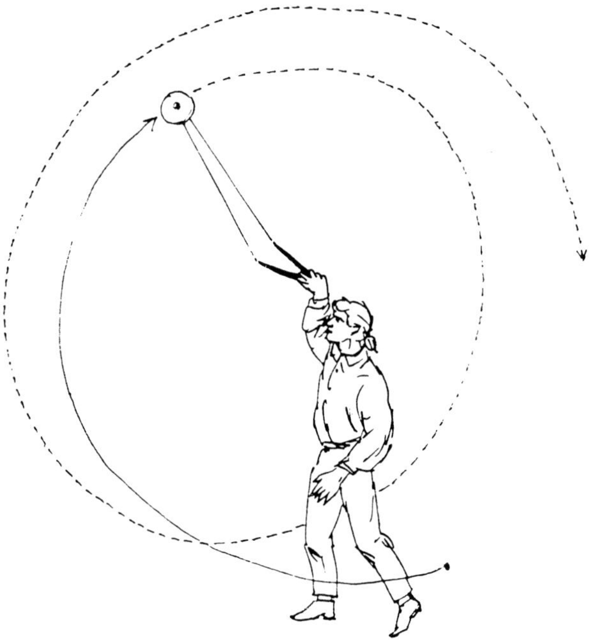

Das Diabolo hängt an der Spitze des Handstocks

Bei diesem Trick brauchst Du Handstöcke, wo die Schnur aus der Seite herauskommt. Laß das Diabolo die Schnur herunterrutschen, bis es am Handstock anliegt. Laß diesen Handstock los und halte den anderen so hoch, daß nichts den Boden berührt. Wenn der Abstand zwischen dem Loch, an dem die Schnur festgemacht wird, und der Stockspitze groß genug ist, bleibt das Diabolo dort hängen und dreht sich weiter. Wenn Du gut bist, kannst Du das Diabolo und den Handstock zusammen auf einer riesigen Weltreise herumschwingen.

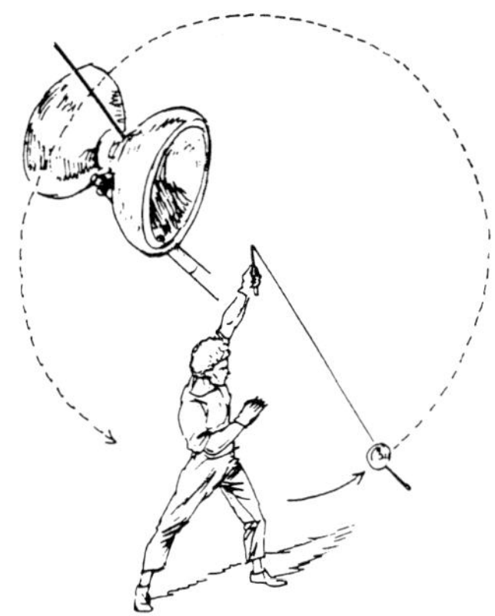

Wurf durch die Beine, von hinten nach vorne

Hierfür müssen beide Hände hinter dem Rücken sein. Laß das Diabolo zwischen Deine Beine schwingen, dann zieh die Hände ruckartig auseinander, so daß das Diabolo senkrecht vor Dir hochfliegt.

Wurf durch die Beine, von vorne nach hinten

Du kannst das Diabolo auch von vorne nach hinten durch die Beine werfen. Laß es von vorne durch die Beine nach hinten schwingen. Ein schnelles Auseinanderziehen der Hände läßt es hinter Deinem Rücken hochfliegen, wo Du es wieder fangen kannst.

VARIATIONEN

Mit gekreuzten Armen oder gekreuzter Schnur

Es gibt eine Diabolotechnik, bei der das Diabolo auf die Schnur gelegt und dann um 180 gedreht wird. Es kommt Dir vielleicht irgendwie verkehrt vor: wenn Du mit der rechten Hand ziehst, dreht sich das Diabolo im Uhrzeigersinn, statt gegen den Uhrzeigersinn, aber ich habe einige chinesische Diabolospieler getroffen, die das ganz normal finden. Eine ähnliche Wirkung erzielst Du, indem Du das Diabolo hochwirfst, den linken Arm über den rechten legst und mit den Armen überkreuz das Diabolo dicht bei Deiner linken Hand auffängst. Da sich das Diabolo bereits gegen den Uhrzeigersinn dreht und Du die Arme überkreuz hältst, ist es nun die linke Hand, die die Zugkraft liefert, um das Diabolo anzutreiben.

Wenn Du das Diabolo auf der Schnur läßt und die Arme wieder auseinanderziehst, merkst Du, daß die Schnur jetzt eine halbe Schlinge um das Diabolo bildet. Arme überkreuz und halbe Schlinge sind effektiv gleichbedeutend, da es in beiden Fällen die linke Hand ist, die antreibt. Hier nun einige Tricks, die auf der Überkreuzposition aufbauen.

Wenn Du Dich aus der Überkreuzposition befreien willst, brauchst Du nur die Schnur mit immer noch gekreuzten Armen zu spannen, damit das Diabolo hochfliegt. Während es in der Luft ist, kannst Du die Arme wieder in die normale Haltung zurückbringen und es so wieder auffangen.

Endlos werfen und fangen mit Armen überkreuz

Der soeben beschriebene Trick eignet sich hervorragend als Übung für das Fangen und Werfen des Diabolos mit den Armen überkreuz. Wirf das Diabolo nach rechts hoch, lege Deinen linken Arm über den rechten und fang das Diabolo auf der rechten Seite wieder auf.

Die Drehgeschwindigkeit des Diabolos nimmt zu, während es die linke Schnur herunterrollt. Sobald es die Schnurmitte erreicht, spanne die Schnur mit gekreuzten Armen, um das Diabolo wieder hoch und nach links zu befördern.

Während das Diabolo in der Luft ist, wechsel die Überkreuzposition so, daß jetzt der rechte Arm auf dem linken liegt, und fang das Diabolo auf der linken Seite auf. Wirf das Diabolo sofort wieder nach rechts, leg den linken Arm wieder auf den rechten, fangen und gleich wieder werfen. Diese Bewegung ist nicht nur an sich schön, sondern dient auch als gute Vorübung für die folgenden Tricks.

Werfen und Fangen unter dem Bein mit Armen überkreuz

Der vorhergehende Trick wirkt noch spektakulärer, wenn Du das Diabolo jedes Mal unter dem Bein hindurch wirfst. Die Reihenfolge der Armbewegungen und das Timing bleiben gleich. Du mußt nur den richtigen Zeitpunkt herausfinden, um das Bein zu heben, damit das Diabolo unten durchfliegen kann.

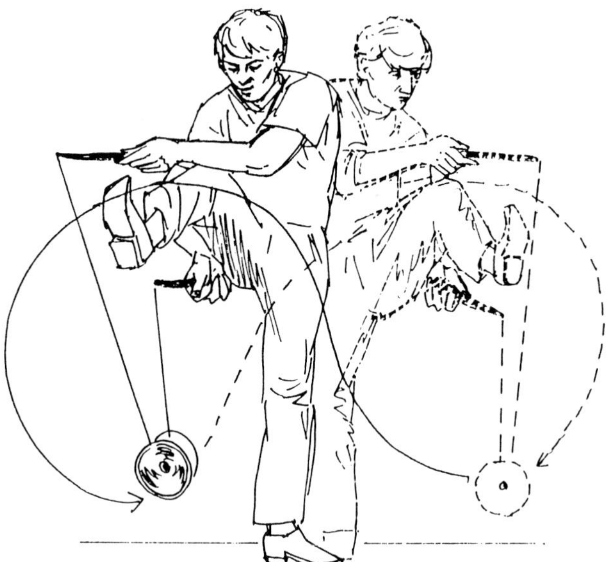

Fangen mit Armen überkreuz und direkter Übergang zu Sprüngen über den Handstock

Wirf das Diabolo hoch und fang es in der Überkreuzposition „rechts-über-links". Dreh den linken Handstock um 90°, so daß er in der Wandebene liegt, und bring dann den rechten Handstock über den linken zurück. Steck die rechte Stockspitze durch das Dreieck, das die Schnur bildet. Drück mit dem rechten Handstock gegen die linke Schnur, um das Diabolo über den rechten Handstock springen zu lassen.

Sprünge mit Armen überkreuz: Übergang zum Hexenspiel

Der vorhergehende Trick eignet sich hervorragend als Einstieg ins Hexenspiel. Nach dem Fangen mit Armen überkreuz kannst Du direkt zum Hexenspiel übergehen oder aber ein paar Sprünge über den rechten Handstock einbauen. Wenn Du soweit bist, laß das Diabolo senkrecht hochfliegen, stell die Handstöcke senkrecht und zieh sie so auseinander, daß die Schnur sich kreuzt und ein großes „X" bildet. Fang das Diabolo auf dem Schnittpunkt des „X" auf.

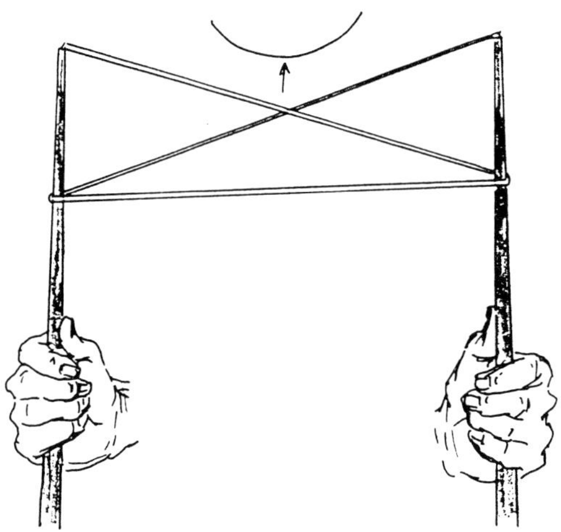

VERSCHIEDENE TRICKS MIT EINEM DIABOLO

Sprünge über den Arm mit Übergang zum Überarmschwingen

Mit diesem Trick kannst Du eine Sprungserie über den Arm auf spektakuläre Weise beenden. Laß das Diabolo ein paar Mal über den rechten Arm springen, dann laß es auf dem Schnursegment zwischen Deinem rechten Arm und Deinem linken Handstock stehenbleiben. Führe die Spitze des rechten Handstocks nach unten, bis sie sich zwischen dem Diabolo und dem linken Handstock befindet. Setze diese kreisende Bewegung mit dem rechten Handstock gegen den Uhrzeigersinn fort, so daß die Schnur unter der Achse des Diabolos entlang gezogen wird. Die rechte Schnur bildet jetzt eine zweite Schlinge um die Achse des Diabolos.

Sobald die Schnur fest um die Achse liegt, schwinge Deinen rechten Arm im Uhrzeigersinn hoch und wieder nach rechts. Die zweite Schlinge hebt das Diabolo von der ersten hoch und trägt es über den rechten Arm hinweg. Das Diabolo fliegt Dir über den rechten Bizeps, schwingt nach außen und wird schließlich im Kreise zwischen Deine Hände zurückgebracht, wo es immer noch auf der Schnur liegt.

Sobald Du anfängst, die rechte Hand zurückzuziehen, mußt Du den Kreis fortsetzen. Wenn Du mittendrin aufhörst, wird das Diabolo nicht unter den rechten Arm hindurchfliegen, sondern außer Kontrolle geraten und nach rechts sonstwohin verschwinden.

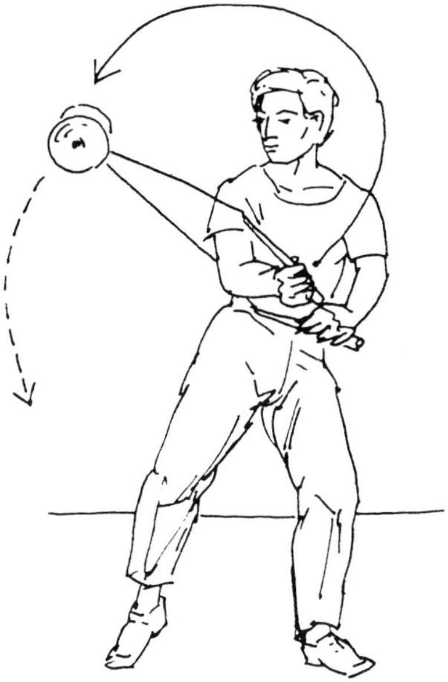

Kombination Überarmschwingen und unter dem Bein

Markus hat eine interessante Erweiterung des vorhergehenden Tricks erfunden. Zuerst steigst Du mit dem rechten Bein über die Schnur, das Gesicht nach links gerichtet. Jetzt kann das Diabolo über Deinen Arm und Deinen Oberkörper springen. Jedesmal rollt es Dir dann zwischen die Beine und wieder hoch.

Bring den rechten Handstock rüber nach links, so daß Du das kommende Diabolo von oben fangen kannst, und mach sofort eine Schlinge wie beim Überarmschwingen. Schwinge das Diabolo hoch und über die rechte Schulter, dann laß den Handstock los, so daß er dem Diabolo auf seiner Reise zwischen Deine Beine folgt. Fang den Handstock auf, und Du hast es geschafft!

Die Schaukel mit einem Handstock

Die Schaukel wurde im ersten Buch beschrieben. Hier noch eine Erweiterung, die mir jemand auf einer Jonglierconvention zeigte: Laß den linken Handstock fallen und laß das Diabolo und den linken Handstock vom rechten Handstock einfach herunterbaumeln.

Seitliche Würfe

Nimm beide Handstöcke in die linke Hand, greife dann mit der rechten Hand hinter Deinem Rücken nach links und nimm den rechten Handstock in dieser Haltung wieder in die rechte Hand. Jetzt hast Du ein drehendes Diabolo auf der linken Seite und einen Arm hinter dem Rücken.

Wirf das Diabolo hoch und nach rechts. Während es in der Luft ist, bring beide Hände hinter dem Rücken auf die andere Seite und fang das Diabolo rechts auf. Nun hast Du den linken Arm hinter dem Rücken. Wirf das Diabolo immer wieder hin und her, während sich auch Deine Hände von der einen Seite zur anderen hinter dem Rücken hin und her bewegen. Wenn Du zum nächsten Trick übergehen möchtest, wirfst Du das Diabolo einfach hoch und ziehst die Schnur mit hochgestreckten Armen über den Kopf nach vorne in die normale Position.

Seilhüpfen

Halte beide Handstöcke in einer Hand weit vor Dir. Wenn die Schnur lang genug ist und Du Dich klein genug machen kannst, ist es möglich, durch diese große Schlinge über das Diabolo hinwegzuspringen.

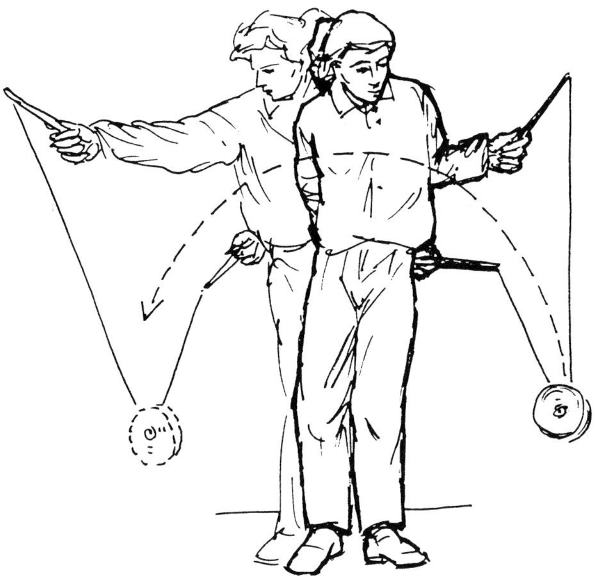

Die Schnur im Nacken

Dieser Trick wurde bereits im ersten Buch beschrieben. Hier einige Anregungen, wie Du ihn erweitern könntest. Beginne mit der Schnur im Nacken, so daß sie von der rechten zur linken Hand eine horizontale Linie bildet. Das Diabolo liegt auf der Schnur zwischen Deinem Hals und Deiner rechten Hand.

Laß das Diabolo gerade hochfliegen und dreh Dich um 180 nach rechts. Jetzt stehst Du mit dem Rücken zum Publikum, und das Diabolo sitzt auf der linken Schnur.

Wirf nun das Diabolo über deinen Kopf auf die rechte Schnur. Wirf das Diabolo senkrecht hoch, dreh Dich noch einmal um 180 nach rechts, bis Du wieder mit dem Gesicht zum Publikum stehst. Fang das Diabolo auf der linken Schnur, um die Sequenz abzuschließen.

Diabolo hängt im Hexenspiel, gestützt von einem Handstock

Diesen wunderbaren Trick habe ich Heymo zu verdanken.

Laß das Diabolo eine halbe Weltreise gegen den Uhrzeigersinn machen. Streck den linken Handstock nur so weit raus, daß das hintere Schnursegment über ihn fällt, wenn das Diabolo seinen Kreis vollzieht. Es ist sehr wichtig, daß nur dieses eine hintere Schnursegment über den linken Handstock fällt und nicht beide Segmente.

Laß das Diabolo hochhüpfen, zieh die Handstöcke auseinander, um ein Hexenspiel zu bilden, und fang das Diabolo oben auf dem „X"–Punkt auf. Indem Du das untere Ende des rechten Handstocks zum Körper hin und nach oben ziehst, drehst Du ihn um 180°. An der Position des Diabolos hat sich nichts geändert – es liegt immer noch oben auf dem „X". Beide Handstöcke sind senkrecht, nur der rechte steht Kopf.

Wirf das Diabolo noch einmal kurz hoch und dreh beide Handstöcke in die Horizontale, indem Du vorher den Kreis mit dem rechten Handstock fortsetzt, das heißt, daß Du, das untere Ende des Handstocks von Dir wegdrückst. Gleichzeitig ziehst Du das untere Ende des linken Handstocks zu Dir hin und hoch. Beide Handstöcke kreisen in der gleichen Richtung, aber vergiß nicht, daß der rechte auf dem Kopf stand. Beide Handstöcke sollten horizontal liegen und im rechten Winkel zur Wandebene. Fang das Diabolo auf der mittleren der drei Schnursegmente, die diagonal zwischen den Handstöcken verlaufen.

Der linke Handstock bleibt horizontal, wird aber jetzt in die Wandebene zurückgezogen. Laß den rechten Handstock los. Das Gewicht des Diabolos zieht die Spitze des rechten Handstocks zum linken Handstock hoch. Jetzt müßtest Du zwei Schlingen um den rechten Handstock haben.

Um aus dieser Position herauszukommen, zieh mit der rechten Hand die Schlinge, die zunächst um die Mitte des rechten Handstocks liegt, nach unten über die Spitze hinweg. Greife den linken Handstock mit der rechten Hand zwischen der Spitze und der zweiten Schlinge Mit der linken Hand ziehst Du den rechten Handstock zum linken hin, wodurch die Schlinge vom linken Handstock herunterfällt. Somit hast Du die Handstöcke getauscht, ohne die Schnur zu verknoten, und das Diabolo dreht sich (hoffentlich) immer noch frei.

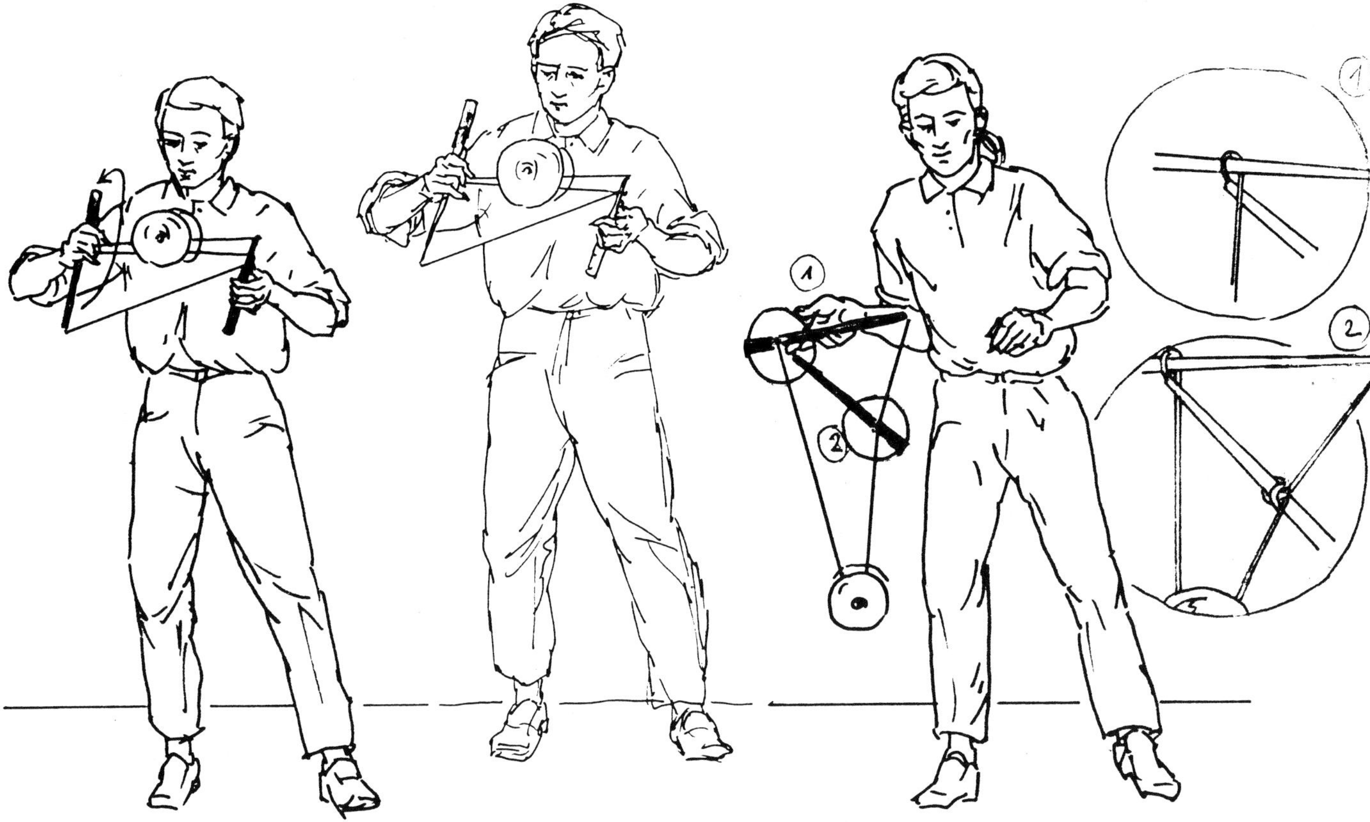
1
2
1
2

Kapitel III

ZWEI DIABOLOS AUF EINER SCHNUR

Zwei Diabolos, die ständig umeinander kreisen, sind ein faszinierender Anblick – sowohl für Dich als auch für Dein Publikum. Wenn nur ein Diabolo auf der Schnur läuft, hast Du den Nachteil, daß das Publikum die Drehung nicht wahrnimmt. Natürlich kannst Du Dein Diabolo entsprechend dekorieren, damit die Rotation auffällt. Aber zwei Diabolos, die im ständigen Wechsel übereinander purzeln, wirken sehr dynamisch, egal, ob sie dekoriert sind oder nicht.

Wie Du das Spiel mit zwei Diabolos erlernen kannst, wurde in meinem ersten Diabolo-Buch beschrieben. Aber die Kunst, mit zwei oder noch mehr Diabolos auf einmal zu spielen, hat sich inzwischen dermaßen verbreitet, daß sie auch in diesem Buch besondere Beachtung verdient. Es folgt zunächst ein kurzer Überblick der Aspekte, die in 'Diabolo – spielend lernen' behandelt wurden. Im Anschluß daran kommen die ausgeflippten Variationen.

Strategiehinweis

Benütze verschiedenfarbige Diabolos, wenn Du mit zweien oder mehreren spielen willst. Sie lassen sich leichter auseinanderhalten, besonders wenn sie einander so dicht umkreisen. Verschiedenfarbige Diabolos erleichtern das Erlernen neuer Tricks, da Du Dich auf nur eines der Diabolos konzentrieren mußt. Du könntest neue Tricks zum Beispiel immer mit dem Blauen zuerst probieren – nicht nur deshalb, weil dann die Diabolos scheinbar halb so schnell kreisen, sondern auch deshalb, weil Du dann Deine Ideen mit anderen Diabolospielern besprechen kannst. Wenn andere Leute die Bewegung nur eines Diabolos verfolgen müssen, werden sie schneller begreifen, was Du da machst.

Sobald Du einen Trick beherrschst, brauchst Du keine verschiedenfarbigen Diabolos mehr. Andererseits möchtest Du sie vielleicht beibehalten, um in Deiner Show eine spezifische Wirkung zu erzeugen. Eine bunte Mischung paßt besser zu einer lockeren, lustigen Präsentation als gleichfarbige Diabolos. Probiere verschiedene Farbkombinationen vor laufender Videokamera aus und urteile selbst, was zu Deinem Stil und Deiner Nummer am besten paßt.

Es gibt zwei verschiedene Methoden, zwei Diabolos am Laufen zu halten. Bei der ersten arbeitet vor allem die linke Hand, denn sie drückt das die linke Schnur hinaufsteigende Diabolo über den leeren Raum zur rechten Schnur hinüber. Die meisten lernen diese Methode zuerst. Der Nachteil: die Diabolos werden dadurch nur wenig angetrieben.

Bei der zweiten Methode treibt die rechte Hand die Diabolos die rechte Schnur hinunter und nach links. Der Druck von diesem sich nach unten und nach links bewegenden Diabolo reicht aus, um das andere Diabolo von der linken Schnur abheben und zur rechten Schnur hinüberspringen zu lassen. Außerdem überträgt die rechte Hand auf diese Weise viel Schwung auf die Diabolos. Leider läßt sich diese zweite Methode schwerer meistern.

Die erste Methode

Mit Hilfe eines Partners lernst Du den Trick am schnellsten. Hier noch einmal in Kurzform die Anleitung, die im ersten Buch ausführlicher behandelt wurde. Beide Spieler treiben je ein Diabolo schnell an. Wenn ihr bereit seid, halte Deine linke Hand tiefer als die rechte, damit Dein Partner das zweite Diabolo über Dein eigenes hinweg auf die rechte Schnur hineinwerfen kann. Wenn Du das zweite Diabolo hast, benütze die linke Hand, um die Diabolos nacheinander auf die andere Seite zu befördern. Du brauchst Dich nicht darum zu kümmern, das zweite Diabolo anzutreiben, da Dein Partner es bereits für Dich auf Hochtouren gebracht hat.

Eine sehr hilfreiche Vorübung für die Arbeit mit zwei Diabolos sind die Sprünge über das Bein mit einem Diabolo. Wenn Du Dein Bein als nicht drehendes Diabolo betrachtest, wirst Du verstehen, warum. Wenn Du mit der linken Hand die Schnur hochziehst, bleibt sie unter Deinem Bein hängen. An dieser Stelle, wo die Schnur nicht mehr höher gehen kann, wirft sie das Diabolo quasi automatisch auf die rechte Seite hinüber.

Wenn zwei Diabolos übereinander hinwegspringen, wechseln sie sich in den Rollen des festen Punkts und des Überfliegers ständig ab. Das linke Diabolo fliegt, weil das rechte Diabolo Spannung in der Schnur verursacht. Unabhängig davon, ob zwei Diabolos oder ein Diabolo und ein Bein in der Schnur hängen, macht die linke Hand die gleiche ruckartige

Bewegung. Der einzige Unterschied: bei zwei Diabolos muß sie diese Bewegung doppelt so schnell wiederholen.

Bei dieser Methode werden die Diabolos kaum angetrieben. Deshalb ist sie weniger effektiv, wenn Du beide Diabolos selber ins Laufen bringen willst. Ohne den Partner, der für Dich eines der Diabolos antreibt, wird sich mindestens ein Diabolo – wenn nicht beide – anfangs sehr langsam drehen. In diesem Fall solltest Du also gleich die zweite Methode anwenden, um beide schnell auf die optimale Drehgeschwindigkeit zu bringen. Auch für die zweite Methode sind die Sprünge über das Bein mit einem Diabolo eine gute Vorübung. Hier arbeitet nicht die linke, sondern hauptsächlich die rechte Hand, die das Diabolo an der Schnur entlang nach unten drückt.

Die zweite Methode

Bei dieser Methode drückt die rechte Hand das gerade auf der rechten Schnur gelandete Diabolo nach unten und nach links. Diese starke Bewegung nach unten und nach links treibt nicht nur dieses Diabolo an, sondern läßt auch das andere, auf der linken Schnur befindliche Diabolo auf die rechte Schnur hinüberfliegen.

Bitte Deinen Partner, das Diabolo genauso wie bei der ersten Methode zu Dir hinüberzuwerfen. Benütze Deine rechte Hand, um dieses neue Diabolo nach unten und auf die andere Seite zu drücken.

Zwei Diabolos meistern.

Vielen Leuten fällt es am Anfang schwer, zwei Diabolos unter Kontrolle zu halten. Hier einige typische Probleme, die Dir vielleicht begegnen werden, und einige Tips, wie Du sie lösen kannst.

Erstes Problem: die Diabolos wollen nicht in der Wandebene bleiben. Das fliegende Diabolo saust entweder vor oder hinter der rechten Schnur vorbei und kann nicht aufgefangen werden. Da Du noch ein anderes Diabolo auf der Schnur hast, ist es sehr schwer, einen schlechten Wurf auszugleichen, indem Du die rechte Hand vor- oder zurückbewegst. (siehe Abb.)

Geh einen Lernschritt zurück und laß ein Einzeldiabolo wieder über das Bein springen. Merkst Du, wie die Spitze des linken Handstocks jedesmal beim Herüberwerfen einen kleinen Bogen beschreibt? Der Zeitpunkt des Absprungs, relativ zu diesem Bogen, ist von zentraler Bedeutung. Wenn das Diabolo zu früh abspringt, ist der Bogen noch nicht geschlossen, und das Diabolo wird vor Deine rechte Hand fliegen. Wenn das Diabolo die Schnur zu spät verläßt, ist der Bogen zu geschlossen und das Diabolo wird hinter der Wandebene landen. In beiden Fällen kannst Du das Diabolo nicht auffangen.

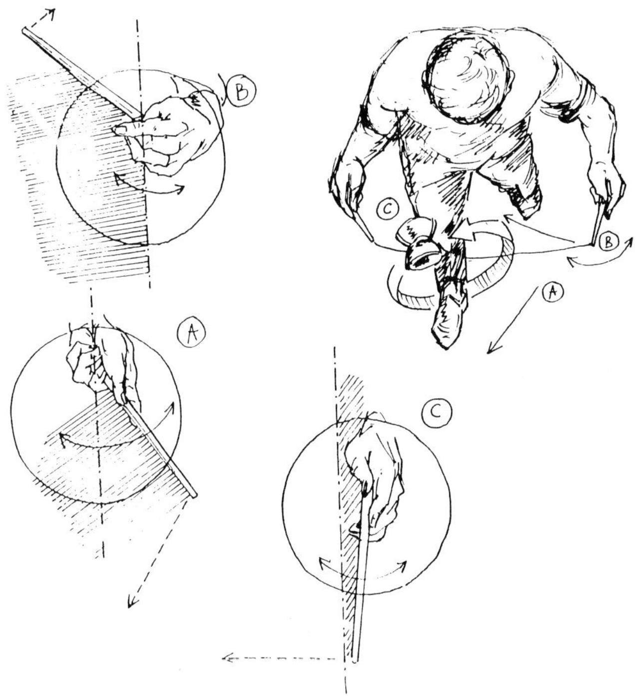

Übe mit nur einem Diabolo, das immer wieder über Dein Bein springt. Konzentriere Dich darauf, wie Deine linke Hand die Spitze des Handstocks kleine Bögen beschreiben läßt. Merk Dir, wann das Timing richtig ist. Dieses Timing ist es auch, das zwei Diabolos in der Wandebene halten wird.

Gleichzeitig lernst Du auch, die rechte Hand vor- und zurückzubewegen, um abtrünnige Diabolos wieder einzufangen. Keine Sorge, Du kriegst das schon hin!

Das zweite Problem, das häufig auftaucht: eine Hand neigt dazu, immer höher als die andere zu steigen, bis Du nicht mehr in der Lage bist, die Diabolos zu halten. Die Hände sind dann so weit nach oben und unten versetzt, daß die Schnur keinen Spielraum mehr für die Diabolos hat.

Die Lösung: merk Dir zunächst, welche Hand normalerweise höher ist. Wenn die rechte Hand steigende Tendenz zeigt, mußt Du üben, sie bewußt zu senken, während die Diabolos weiterlaufen. Am Anfang scheint dies ein Ding der Unmöglichkeit zu sein. Aber bleib dran! Wenn Du beide Diabolos am Laufen halten und beide Hände unabhängig voneinander rauf- und runterbewegen kannst, dann weißt Du, daß Du den Durchbruch geschafft hast. Ich habe gelernt, die Hände selbständig zu bewegen, indem ich die Diabolos immer abwechselnd sehr große und sehr kleine Kreise drehen ließ.

Anfangen ohne Partner

Sobald Du in der Lage bist, zwei Diabolos am Laufen zu halten, solltest Du lernen, sie alleine zu starten. So kannst Du Dich vom Partner unabhängig machen. Folgende Methode führt Dich schrittweise in die Selbständigkeit.

Sobald Du gelernt hast, das zweite Diabolo unter Kontrolle zu halten, gewöhne Dich an ein langsam drehendes Diabolo. Bitte Deinen Partner, das Diabolo nicht mehr von der Schnur, sondern mit der Hand einzuwerfen. Er steht jetzt rechts statt links und hat keine Handstöcke. Statt dessen wirft er das Diabolo im leichten Bogen ein, wobei er es mit einer kleinen Handbewegung etwas andreht. Diese Übung hat zwei Funktionen: erstens lernst Du, das zweite Diabolo schnell in Fahrt zu bringen, und zweitens gewöhnst Du Dich daran, das Diabolo von oben statt von der Seite aufzufangen.

Wenn Du Dich an die Einwürfe deines Partners gewöhnt hast, probiere selbst einzuwerfen.

Der Einwurf mit einem Diabolo

Übe das Einwerfen zunächst mit einem einzelnen Diabolo. Wirf es mit rechts hoch, fang es auf der Schnur auf und beschleunige es sofort. Einwürfe wurden im ersten Kapitel dieses Buches beschrieben. Vielleicht schaust Du dort noch einmal kurz rein.

Das zweite Diabolo einwerfen

Wenn Du Dich mit dem Einwurf sicher fühlst, kannst Du zum Einwurf des zweiten Diabolos fortschreiten. Treib das erste Diabolo schnell an, gib die Handstöcke in die linke Hand und wirf mit rechts das zweite Diabolo hoch.

Es sollte ca. einen Meter über Kopfhöhe fliegen und rechts vom ersten Diabolo aufgefangen werden. Das zweite Diabolo landet also zwischen dem Diabolo auf der Schnur und dem rechten Handstock.

SPEKTAKULÄRE ANFÄNGE MIT ZWEI DIABOLOS

Es gibt natürlich auch andere Methoden, mit zwei Diabolos zu beginnen. Wollen wir einmal etwas Ausgefallenes versuchen?

Das zweite Diabolo mit dem Fuß auf die Schnur plazieren

Diese Methode erspart Dir das leidige Bücken um heruntergefallene Diabolos wieder aufzuheben. Lege die Spitze des rechten Fußes in das Hinterrad hinein, damit Du es mit dem Fuß anheben kannst.

Dreh das erste Diabolo an, bis es ausreichend schnell läuft. Halte das Diabolo, das an Deiner Fußspitze hängt, zwischen dem ersten Diabolo und der rechten Schnur. Laß das zweite auf die Schnur fallen und es geht gleich mit zweien weiter.

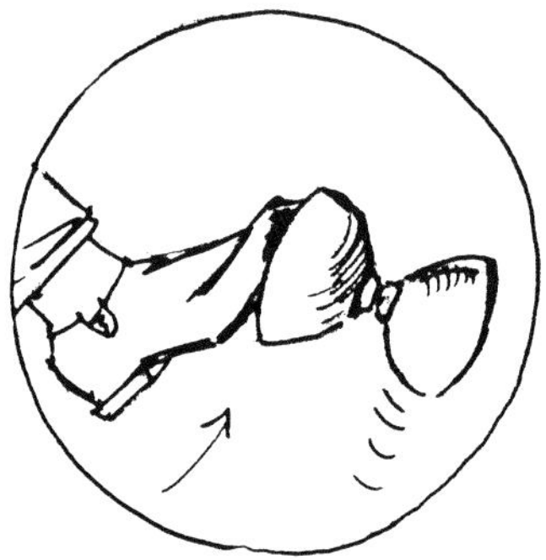

Nebeneinander auf dem Boden

Lege beide Diabolos über die Schnur auf den Boden vor Dir. Sie sollten in der gleichen Wandebene liegen und sich berühren. Zeige mit den Handstöcken nach unten, und halte den rechten tiefer als den linken.

Heb beide Hände schnell hoch, die rechte etwas schneller und kraftvoller als die linke, damit das rechte Diabolo über das linke hinwegspringt. Das heißt: ganz am Anfang springen die Diabolos in der verkehrten Richtung übereinander.

Sobald das rechte Diabolo über das linke gesprungen ist, liegt es an der linken Schnur. Mit der rechten Hand drückst Du jetzt das andere Diabolo nach unten und nach links, um es sogleich zum Drehen zu bringen. So ist das zweite aus dem Weg und wird nicht vom ersten getroffen, das nun von der linken auf die rechte Schnur zurückspringt und sich ebenfalls zu drehen beginnt.

Zwei Diabolos einwerfen

Du kannst auch mit einem doppelten Einwurf anfangen. Dies ist eine hervorragende Vorübung für drei Diabolos. Nimm die Handstöcke in die linke Hand und beide Diabolos in die rechte. Wirf sie nacheinander in die Luft, wobei Du sie mit dem Handgelenk leicht andrehst. Fang beide auf der Schnur auf und leg mit der rechten Hand sofort los, um sie in Schwung zu bringen.

Eine zweite Möglichkeit bei dieser Technik sieht so aus, daß Du beide Diabolos erst eine Zeitlang hochwirfst, bevor Du sie auf der Schnur behältst. Da sie sich zunächst nicht schnell drehen, mußt Du sie bei jedem Abwurf ein bißchen andrehen. Dazu ziehst Du den rechten Handstock etwas schneller und höher als den linken, während das Diabolo mit der Schnur hochgeworfen wird. Auf diese Weise rutscht die Schnur beim Werfen unter der Achse des Diabolos entlang und kurbelt somit das Diabolo an.

Über den Boden rollen lassen

Leg ein Diabolo vor Dir auf den Boden und laß das andere auf der Schnur drehen. Wirf das erste Diabolo hoch, und während es in der Luft ist, schubst Du das zweite Diabolo mit einer Handstockspitze an, so daß es nach links rollt. Dann leg die Schnur so auf den Boden, daß das Diabolo darüber rollt. Wirf dieses Diabolo sofort hoch und dreh es mit der führenden rechten Hand gleichzeitig etwas an. Das heißt, die rechte Hand bewegt sich schneller als die Linke, dadurch rutscht die Schnur unter der Achse entlang und dreht das Diabolo beim Abwurf an.

Wenn das erste Diabolo wieder herunterkommt, mußt Du Dich entscheiden, ob Du die zwei Diabolos eine Zeitlang hochspringen läßt, was sie gleichzeitig antreiben würde, oder aber ob Du sie gleich auffängst und auf der Schnur kreisen läßt.

Ein Diabolo auf der Schnur halten

Diesen Trick hat mir Fli-Vo beigebracht. Da ich für zwei Diabolos eine kürzere Schnur als er nehme, habe ich mit diesem Anfang meine Schwierigkeiten. Ein toller Anfang, wenn Deine Schnur lang genug ist.

Dreh zunächst ein Diabolo an und halte es dann in einer kleinen Schlinge, die Du bildest, indem Du ein kurzes Schnursegment mit dem Daumen und dem Zeigefinger am linken Handstock einklemmst. Führe dazu den rechten Handstock in die Nähe der linken Hand, um das Greifen nach der Schnur einfacher zu machen. Während sich dieses Diabolo in seiner Schlinge fröhlich vor sich hindreht, leg mit dem Fuß das zweite Diabolo über die nicht belegte Schnur neben dem rechten Handstock. Laß das zweite Diabolo nach links rollen, dann heb es durch eine Bewegung der rechten Hand vom Boden auf. Laß die Schnur in der linken Hand los, so daß das Diabolo aus der Schlinge heraus über das andere hinwegfliegt, und treibe beide sofort an.

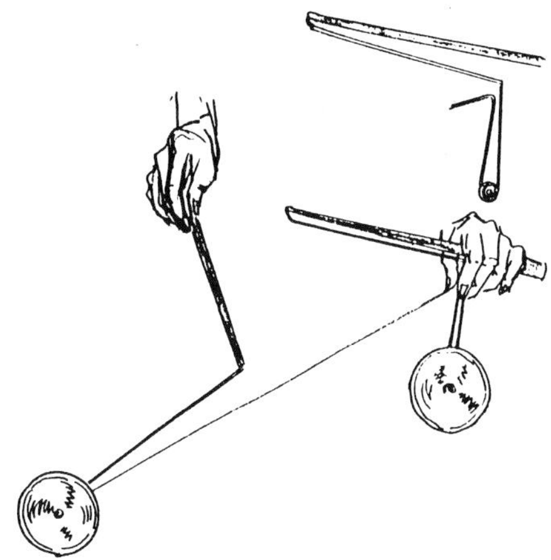

Zwei Diabolos ganz hoch werfen

Jedes Publikum ist total begeistert, wenn Du ein Diabolo ganz hoch wirfst. Wenn Du es auffangen kannst, um so besser, aber die Leute finden es schon verblüffend zu sehen, wie hoch ein Diabolo eigentlich fliegen kann. Wenn Du zwei oder mehr Diabolos ganz hoch schleudern kannst, wirst Du sogar das schwierigste Publikum beeindrucken.

Der Übergang von zwei Diabolos auf der Schnur zu zwei Diabolos in der Luft läßt sich am einfachsten ausführen, wenn Du die erste Methode für zwei Diabolos anwendest, d.h. kleine schiebende Bewegungen aus dem linken Handgelenk. Such Dir die Farbe des Diabolos aus, mit dem Du anfangen willst. Wenn dieses Diabolo anfängt, die linke Schnur hochzusteigen, wirf es mit der linken Hand hoch und nach rechts. Dieser erste Wurf darf nicht zu hoch sein; 1-2m über der Schnur reicht völlig aus.

Nach diesem ersten Wurf sollten der zweite und alle weiteren Würfe höher sein. Mit beiden Händen wirfst Du das zweite Diabolo etwa 3-5m hoch, und dann geht's richtig los.

Am einfachsten ist es, wenn jedes Diabolo in der Luft eine Ellipse beschreibt, d.h. es muß hoch und einen Tick nach rechts geworfen werden. Sobald das eine Diabolo den höchsten Punkt des Bogens erreicht hat und sich auf den Weg nach unten begibt, wirfst Du das zweite los und hältst die Arme auf, um das erste aufzufangen. Wenn Du diese Richtung – von links nach rechts – einhältst, nimmt die Drehgeschwindigkeit zu, denn die Diabolos rollen die rechte Schnur herunter.

Es ist eine knifflige Angelegenheit, die beiden Diabolos wieder auf der Schnur aufzufangen und unten zu behalten. Das erste läßt sich zwar relativ einfach fangen, problematisch wird es aber, das zweite zu kriegen und das erste auf der Schnur zu halten. Das zweite Diabolo hat eine ziemliche Wucht und eine ganz schöne Geschwindigkeit drauf, wenn es auf der Schnur landet. Wenn die Arme nicht etwas nach unten mitgehen, um den Aufprall zu dämpfen, wird das erste, bereits auf der Schnur liegende Diabolo gleich wieder rausspringen.

Schwierig ist auch, das zweite Diabolo überhaupt aufzufangen. Nicht jeder hat Orientierungsprobleme mit den Handstöcken, aber am Anfang hatte ich welche, wie etliche andere Leute auch. Deshalb werde ich an dieser Stelle eine Lösungsmöglichkeit vorschlagen. Wenn Du es schwierig findest, das zweite Diabolo auf der Schnur landen zu lassen, liegt es höchstwahrscheinlich daran, daß das zweite Diabolo einige Zentimeter hinter der Wandebene herunterkommt.

Wenn Du ein einzelnes Diabolo auffängst, zeigen die Handstöcke nach oben und in die Diagonale. Bei zwei Diabolos dreht sich das erste bereits auf der Schnur, während Du das zweite auffängst. Wenn ein Diabolo auf der Schnur liegt, sind die Handstöcke meistens waagerecht.

Der Grund, weshalb das zweite Diabolo dazu neigt, hinter der Schnur herunterzukommen, liegt wahrscheinlich darin, daß die Handstöcke horizontal und nicht diagonal zeigen. Dieser Orientierungsunterschied bewirkt, daß die Schnur einige Zentimeter weiter von Dir weg ist, als Du es beim normalen Auffangen gewohnt bist. Da Du damit beschäftigt bist, das herunterkommende Diabolo im Auge zu behalten, hast Du diesen Unterschied wahrscheinlich gar nicht gemerkt und deshalb auch nicht versucht, ihn auszugleichen. Wenn Du beim Auffangen des zweiten Diabolos die Handstöcke entweder diagonal nach oben richtest oder ein paar Zentimeter zu Dir heranziehst, wird sich dieses Problem hoffentlich von selbst lösen.

Der erste Wurf sollte kurz und schnell sein. Erinnerst Du Dich an die Physikstunde in der Schule, wo es um die Trägheit ging? Die Lehrerin hing eine große schwere Kugel an einer Schnur auf, dann befestigte sie eine weitere Schnur an der Unterseite der Kugel. Sie fragte, was passieren würde, wenn sie ganz schnell an der unteren Schnur zöge – welche der beiden Schnüre würde reißen? Und... die untere Schnur riß ab.

Dann zog sie sehr langsam an der unteren Schnur, und diesmal war es die obere Schnur, die riß.

Die große Bleikugel brachte ihre Trägheit ins Spiel. Als die Lehrerin schnell zog, bewegte sich die Kugel kaum, und die untere Schnur mußte die ganze Belastung aufnehmen, was sie zum Reißen brachte. Als die untere Schnur langsam gezogen wurde, fing die Kugel an, sich mitzubewegen, was die Belastung auf die obere Schnur übertrug, bis diese abriß.

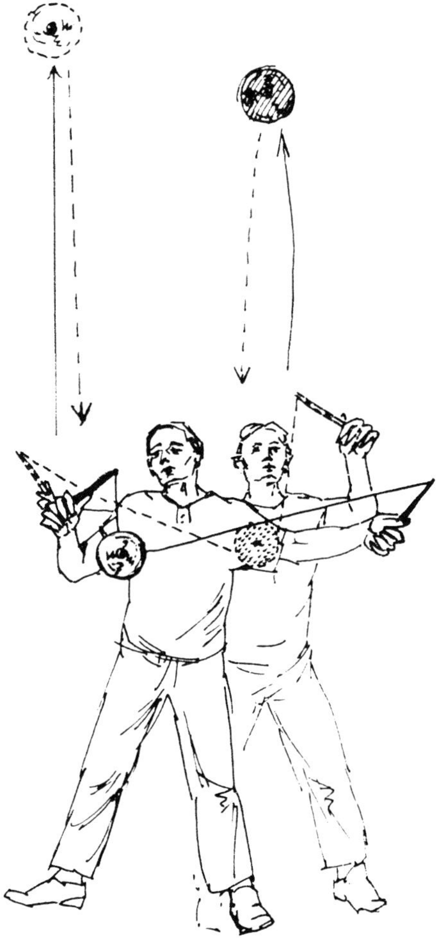

Das gleiche Prinzip gilt auch für den ersten hohen Wurf aus der Diaboloschnur. Das Diabolo, das auf der Schnur bleibt, verhält sich wie die schwere Kugel. Wenn Du den linken Handstock schnell hochziehst, fliegt das andere Diabolo senkrecht nach oben. Wenn Du zu langsam ziehst, fängt das andere Diabolo an, sich zu bewegen, was den Abwurfwinkel des ersten Diabolos verändert. Als ich diesen Trick zum ersten Mal probierte, sind mir beide Diabolos überkreuz weggeflogen. Achte beim ersten Abwurf darauf, nicht beide Arme einzusetzen. Eine kurze, schnelle Bewegung der linken Hand läßt das Diabolo hochspringen.

Parallelwürfe

Anstatt beide Diabolos eine große Ellipse beschreiben zu lassen, kannst Du sie auch in zwei Säulen hochwerfen. Jedes Diabolo fliegt senkrecht hoch und in der gleichen Bahn wieder runter. Um jedes Diabolo in der Nähe des rechten Handstocks fangen zu können, mußt Du zwischen den beiden Säulen hin und her schaukeln.

Zwei Diabolos in der Luft korrigieren

Durch das Hochwerfen verlieren die Diabolos oft ihre gleichmäßige Ausrichtung zueinander. Du mußt sie nicht beide auf der Schnur wieder einfangen, um eine Korrektur vorzunehmen. Es gibt zwei Möglichkeiten, zwei Diabolos zu korrigieren, während Du sie im ständigen Wechsel hochwirfst.

Die erste Methode besteht darin, die Hände vor und hinter die Wandebene zu bewegen. Es ist genau dieselbe Technik, als wenn Du ein Diabolo auf der Schnur waagerecht halten willst. In der kurzen Zeit des Fangens, Schnurdurchlaufens und Werfens hast Du die Möglichkeit, mit der Armhaltung beide Diabolos in die Waagerechte zu bringen.

Bei der zweiten Korrekturmethode geht es darum, die Diabolos in der Wandebene zu halten. Gleich nach dem Auffangen bringst Du den rechten Handstock nach unten, damit Du ihn an dem Vorder- oder Hinterrad reiben kannst. Es ist das gleiche Prinzip wie beim Ausrichten des Diabolos auf der Schnur – nur mußt Du es viel schneller ausführen.

Zwei Diabolos korrigieren

Cliff zeigte mir diese Technik, bei der Du Dich in die Wandebene stellst, um zwei Diabolos zu korrigieren. Sie hat zwei Vorteile: erstens kannst Du besser sehen, inwiefern die Diabolos ihre Ideallinie verlassen haben, und zweitens mußt Du nicht über die Achse greifen, um eine Korrektur am Vorderrad vorzunehmen. Dadurch ist die Gefahr wesentlich geringer, daß das Diabolo aus der Schnur fliegt.

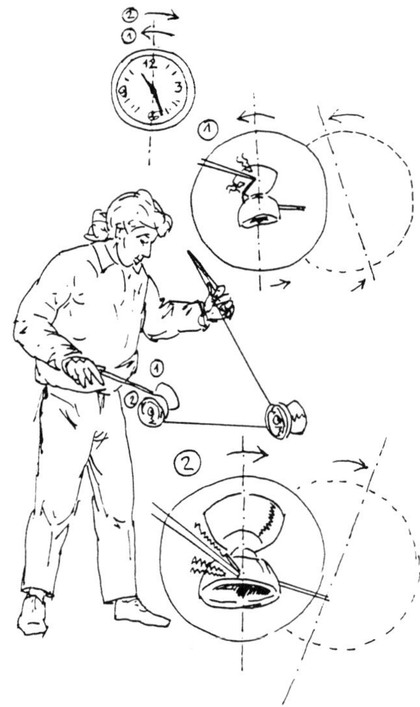

Kapitel IV

TRICKS MIT ZWEI DIABOLOS

Zwei Diabolos springen über das Bein

Ich weiß, es scheint unmöglich, Dein Bein zwischen die beiden umeinander taumelnden Diabolos zu stecken. Wenn Du zwei verschiedenfarbige Diabolos nimmst und Dich nur auf das eine Diabolo konzentrierst, fällt es Dir hoffentlich leichter. Schieß das Diabolo etwas höher als sonst und leg das Bein über die Schnur. Ich werfe das eine Diabolo etwa 10-20 cm höher als sonst und nütze die dadurch gewonnene Zeit, um das Bein dazwischen zu stecken. Das erste Diabolo fliegt etwa auf Handstockhöhe. Das Gefühl ist mit dem Ansatz zu „Zwei Diabolos ganz hochwerfen" vergleichbar, nur ist die Bewegung viel kleiner. Sobald Du das Bein in Position gebracht hast, mußt Du beide Diabolos etwas höher als sonst werfen, damit sie das Bein nicht treffen.

Wenn Du das Bein noch mehr anhebst und die Diabolos weniger hoch wirfst, kreisen sie unterhalb des Beins.

Zwei Diabolos springen über den Arm

Jochen Schell zeigt diesen Trick in meinem ersten Diabolo – Buch, aber ohne begleitende Anleitung. Deshalb präsentieren wir ihn hier ein zweites Mal. Benütze die erste Methode für zwei Diabolos, wobei die linke Hand die Diabolos nach rechts wirft. Konzentriere Dich auf eine der Farben, die umeinander kreisen, und laß dieses Diabolo etwas höher als sonst und weiter nach rechts fliegen. Während dieses Diabolo hinüberspringt, knick das rechte Handgelenk um und fang das Diabolo so auf der Schnur, daß der Handstock nach außen und nach rechts zeigt. Behalte diese Stellung zum Fangen bei, bis Du sie wieder auflösen willst. Dann wirfst Du ein Diabolo hoch, drehst Dein Handgelenk wieder in die normale Haltung zurück und spielst weiter.

Zwei Diabolos hüpfen über das Knie

Markus wollte lernen, wie man zwei Diabolos über das Knie hinweg hüpfen läßt. Ich bot meine Hilfe an. Er kniete sich hin, ein Diabolo auf der Schnur, ein Bein über der Schnur. Ich stand links von ihm und drehte das zweite Diabolo an. Als Markus soweit war, warf ich ihm das zweite Diabolo über das Knie hinweg in das Muster ein. Nachdem er ein Gefühl für den Rhythmus bekommen hatte, konnte er lernen, ohne fremde Hilfe in die Stellung zu kommen.

Dreh zwei Diabolos an, dann wirf das Rote hoch genug, um Dir Zeit zu geben, den rechten Fuß über die Schnur zu heben. Während das Diabolo noch in der Luft ist, knie Dich aufs linke Knie und sei bereit, das herunterkommende Diabolo zwischen dem rechten Knie und dem rechten Handstock aufzufangen. Arbeite weiter mit der linken Hand, um beide Diabolos über das Knie zu befördern. Um aus dieser Position herauszukommen, wirf ein Diabolo hoch und bring das rechte Bein wieder über die Schnur zurück.

Zwei Diabolos springen über das Handgelenk

Wirf das blaue Diabolo etwas weiter nach rechts, so daß es Dir ganz knapp über die rechte Hand fliegt. Dreh das rechte Handgelenk nach hinten, so daß das Handstock über Deine Schulter nach hinten zeigt, und fang dieses Diabolo hinter statt vor dem Handgelenk auf. Während es die rechte Schnur hinunterrollt, drehst Du die Hand wieder in die normale Position zurück, um das rote Diabolo zu fangen, das in der normalen Bahn vor Dir herüberfliegt. Durch dieses wiederholte Vor und Zurück des rechten Handstocks entsteht ein abwechselndes Muster, bei dem stets das Blaue über den Unterarm springt und das Rote immer auf der normalen Bahn kreist.

Die Weltreise mit zwei Diabolos

Es scheint die Regel zu gelten: Wenn ein Trick mit einem Diabolo möglich ist, ist er auch mit zweien machbar. Jedenfalls scheint es auf die verschiedenen Variationen der Weltreise zuzutreffen. Früher war ich davon überzeugt, daß einige Weltreise-Tricks nur in einer Richtung möglich waren. Dann hat mich die nächste Generation der Diabolokünstler eines Besseren belehrt. Im Moment neige ich dazu, fast alles für möglich zu halten. Vielleicht erkennst Du einige Tricks aus dem Kapitel über das Spiel mit einem einzelnen Diabolo wieder. Doppeltes Spiel, doppelter Spaß!

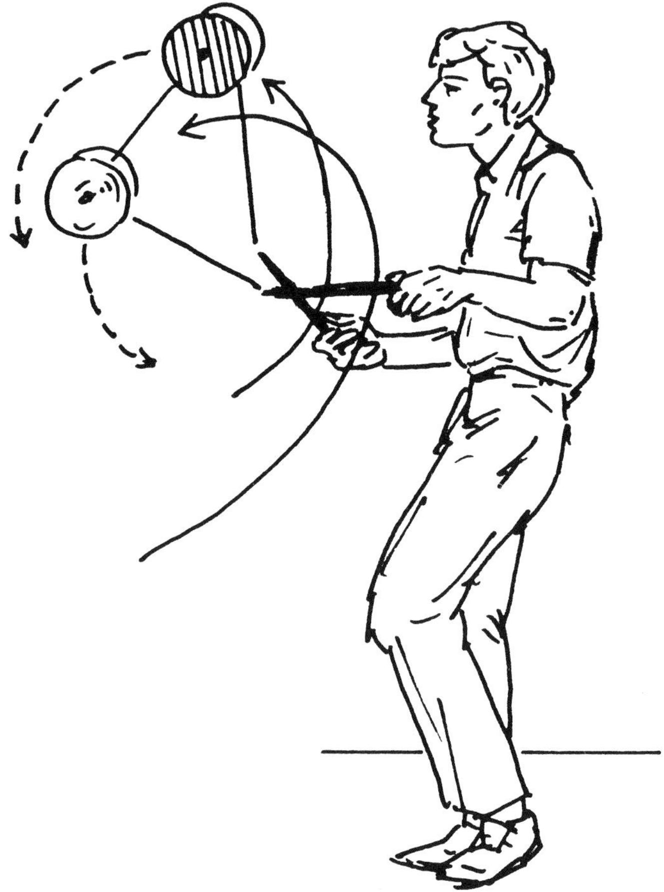

Weltreise zwischen den Armen

Dreh Dich nach rechts, so daß Du in der Wandebene stehst. Beide Diabolos kreisen rechts von Dir zwischen Deinen Armen umeinander. Gleich nachdem Du ein Diabolo auf der vorderen, also rechten Schnur aufgefangen hast, bewege Deine Hände so, als würden sie die Pedale eines Fahrrads treten. Die rechte Hand setzt sich etwas früher in Gang, aber dann strampeln sie im gleichmäßigen Takt. Sowohl die Arme als auch die Handgelenke werden eingesetzt, aber es sind die Handgelenke, die die meiste Arbeit leisten. Warte, bis ein Diabolo auf der Schnur landet, dann schick es auf Weltreise. Wenn das Timing nicht stimmt, nimmt die Reise ein vorzeitiges Ende.

Weltreise zwischen den Armen zur linken Seite hin

Dies ist zum Beispiel einer der Tricks, die ich für unmöglich hielt, bis man mir das Gegenteil bewies. Statt nach rechts dreh Dich um 90 nach links. Schwing beide Diabolos zwischen die Arme – genauso wie beim vorherigen Trick, nur spiegelverkehrt. Aus irgendeinem Grund neige ich dazu, den Bogen des einen Diabolos etwas abzuschneiden, was häufig dazu führt, daß sich die Schnur um die Achse des zweiten Diabolos wickelt. Noch heute gibt's Knoten, wenn ich nicht aufpasse. Ich habe Diabolospieler kennengelernt, die die Weltreise zur linken Seite hin schaffen, aber mit der Version nach rechts Probleme haben. Beides ist jedenfalls möglich.

Die Weltreise in Achterform

Dreh Dich nach rechts und laß die Diabolos statt zwischen Deinen Armen einen großen Kreis links von Dir beschreiben. Anders ausgedrückt: Du stehst in der Wandebene und die Diabolos machen ihre Weltreise vor der Wandebene. Am Ende des Kreises – wo Deine Arme vor Dir ganz ausgestreckt sind – dreh die Handgelenke nach rechts und schick beide Diabolos zu Deiner rechten Seite hinüber. Du bleibst in der Wandebene stehen, während die Diabolos diesmal hinter der Wandebene ihre Weltreise machen.

Weltreise mit Pirouette

Schwinge beide Diabolos nach links raus, so daß sie einen großen Kreis beschreiben, bei dem beide Hände über den Kopf hinweg gezogen werden. Ab dem Moment, wo die Diabolos ihren höchsten Punkt erreicht haben, folgst Du ihnen mit einer Pirouette gegen den Uhrzeigersinn. Ihr alle – Du und die Diabolos – landet gleichzeitig wieder in der Ausgangsposition, um den wohlverdienten Beifall entgegenzunehmen.

Weltreise mit Pirouette nach rechts

Ein Spiegelbild des vorherigen Tricks. Schwinge beide Diabolos nach rechts; ab dem höchsten Punkt drehst Du eine Pirouette im Uhrzeigersinn.

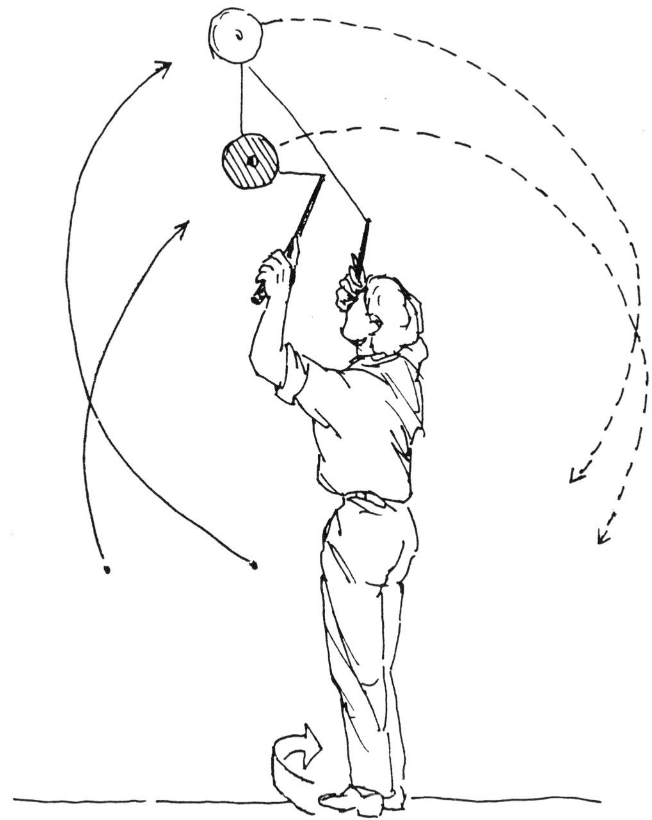

Pirouette gegen den Uhrzeigersinn mit drei Weltreisen

Diese Art Pirouette erfordert drei verschiedene Weltreisen für zwei Diabolos. Als Denkhilfe gliedere ich die Pirouette in vier unterschiedliche Stationen. Die erste Station: eine Vierteldrehung nach links und beide Diabolos zwischen die Arme schicken. Setze die Pirouette gegen den Uhrzeigersinn fort. Zweite Station: mit dem Rücken zum Publikum. Die Diabolos machen eine Weltreise hinter der Wandebene. Dritte Station: noch eine Vierteldrehung nach links. Ihre dritte Weltreise machen die Diabolos zwischen Deinen Armen. Endstation: wieder in der Ausgangsposition angekommen.

Pirouette im Uhrzeigersinn mit drei Weltreisen

Der gleiche Trick läßt sich auch in der Gegenrichtung ausführen. Du drehst Dich im Uhrzeigersinn nach rechts. An der ersten Station kreisen die Diabolos zwischen Deinen Armen, an der zweiten stehst Du mit dem Rücken zum Publikum, und die Diabolos kreisen (vom Publikum aus gesehen) hinter Dir. An der dritten Station schaust Du nach links, während die Diabolos zwischen Deinen Armen wirbeln.

Während Du diese langsame Pirouette im Uhrzeigersinn drehst, machen die Diabolos drei in sich abgeschlossene Weltreisen: die erste rechts von Dir, die zweite (vom Publikum aus gesehen) hinter Dir, die dritte links von Dir. Da Du Dich aber immer mit den Diabolos drehst, schaust Du sie immer an. Für Dich sind sie also nie „hinter Dir", nur für das Publikum.

Doppeltes Hexenspiel mit zwei Diabolos

Das doppelte Hexenspiel wurde auf Seite 45 meines ersten Buchs 'Diabolo – spielend lernen' beschrieben. Gilles hat es doppelt so interessant gemacht. Zuerst baust Du ein normales doppeltes Hexenspiel mit einem Diabolo auf. Dann läßt Du Dir von einem Partner ein zweites, bereits laufendes Diabolo auf den obersten Kreuzpunkt werfen. Wirf dieses Diabolo hoch, löse die Schnur auf und fang beide Diabolos auf der Schnur wieder auf.

Diabolos links und rechts vom Fuß

Wirf ein Diabolo etwas höher, um Zeit zu gewinnen. Heb einen Fuß zur Schnur hoch. Das andere Diabolo dreht sich jetzt rechts neben Deinem Fuß. Fang das erste Diabolo links vom Fuß. Die Schnur liegt jetzt auf dem Fuß, die Diabolos hängen links und rechts daneben. Laß genug Spiel auf beiden Seiten, um zu vermeiden, daß die Diabolos den Fuß berühren.

Ein Diabolo bricht aus

Gilles erfand diesen Trick, während er versuchte, etwas anderes herauszufinden, das ich ihm erklären wollte. Es ist einer der wenigen asymmetrischen Tricks mit zwei Diabolos, die ich kenne. Wenn zwei Spieler nicht die gleiche Sprache sprechen, entstehen manchmal die schönsten Dinge.

Du hast zwei Diabolos auf der Schnur. Laß die Diabolos eine halbe Weltreise machen, indem Du die linke Hand über die rechte legst. Jetzt sind die Arme überkreuz und die Diabolos drehen sich auf der rechten Seite. Zieh die Arme weiter auseinander, um ein Diabolo hochzuwerfen. Während dieses Diabolo in der Luft ist, bring die linke Hand wieder über die rechte, so daß das übriggebliebene Diabolo in die normale Ausgangsposition zurückkommt. Fang das zweite Diabolo auf und geh zum nächsten Trick über.

Ein Diabolo auf dem Handstock, das andere auf der Schnur

Wirf ein Diabolo 1-2m hoch, dreh Deinen rechten Handstock zur Wandebene hin und fang das Diabolo auf dem Handstock auf. Das zweite Diabolo bleibt auf der Schnur.

Denk dran, daß Du die Ausrichtung des Diabolos steuern kannst, indem Du den Handstock nach rechts oder nach links drehst. Dies hat eine ähnliche Wirkung wie die Technik, bei der eine Hand vor oder hinter die Wandebene gebracht wird, um mit der Schnur das Diabolo zu wenden.

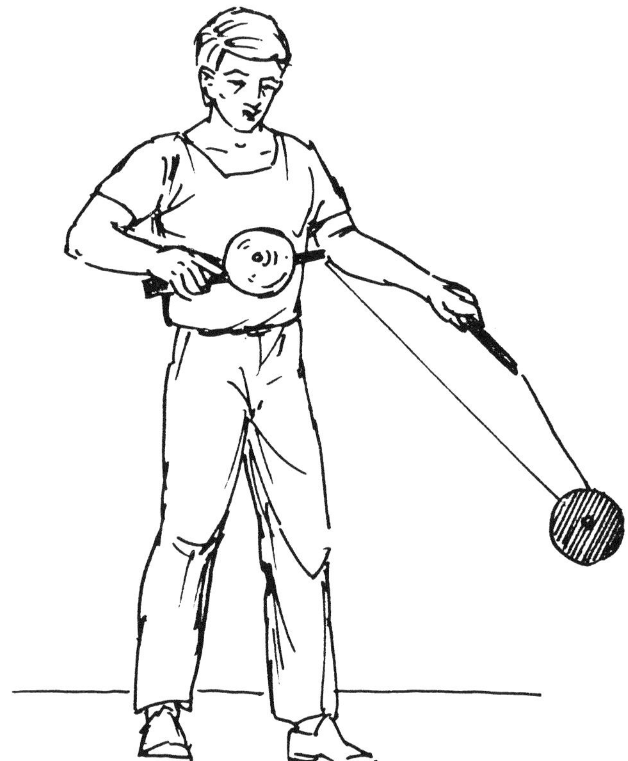

Zwei Diabolos in einer Hand

Mit viel Handgelenk- und Ellbogeneinsatz ist es möglich, zwei Diabolos mit nur einer Hand am Laufen zu halten. Da fällt mir ein... Gibt es jemand, der es mit vier Diabolos schafft, zwei in jeder Hand?

Einhändige Weltreise für zwei Diabolos mit Pirouette

Wenn Du zwei Diabolos mit einer Hand unter Kontrolle halten kannst, was spricht dagegen, so richtig auf den Putz zu hauen und eine einhändige Weltreise mit einer Pirouette zu kombinieren?

Schnur im Nacken mit zwei Diabolos

Wirf ein Diabolo ein wenig über Kopfhöhe. Während dieses Diabolo in der Luft ist, drehe Dich um 907 nach links, führe Deine rechte Hand hinter dem Kopf vorbei, so daß die Schnur in Deinem Nacken liegt. Das andere Diabolo bleibt auf der Schnur zwischen Deinem Hals und Deiner linken Hand. Fang das andere Diabolo auf dem anderen, freien Schnursegment auf.

Du kannst beide Diabolos im Wechseltakt hochspringen lassen. Wenn Du eines höher als das andere hüpfen läßt, müßte es möglich sein, sie die Plätze tauschen zu lassen.

DREI ODER MEHR DIABOLOS

Akrobatik beim Passing mit drei Diabolos

Hier eine akrobatische Figur, die Michael und Gilles für das Passing mit drei Diabolos erfanden. Jeder läßt eine Zeitlang zwei Diabolos kreisen, dann wirft er eines dem Partner zu. Es stellt sich die Frage: „Welche Möglichkeiten warten noch darauf, entdeckt zu werden?"

Eine Lernmethode für „Drei in der Luft"

Wenn Du und Dein Partner Euch gegenseitig helft, könnt Ihr beide gleichzeitig lernen, drei Diabolos in der Luft zu halten. Zuerst solltet Ihr beide im endlos Hochwerfen zweier Diabolos eine gewisse Sicherheit erreicht haben. Seid Ihr reif für das dritte?

Der Assistent stellt sich am besten etwas rechts vom Übenden. Dieser läßt zwei Diabolos auf der Schnur kreisen. Er wirft das erste hoch, dann macht er eine Pause. Während dieser Pause wirft der Assistent das zweite Diabolo auf gleiche Höhe wie das erste und zwar so, daß es knapp über dem rechten Handstock des Lernenden landet. Der Lernende wirft das dritte Diabolo höher als die ersten beiden, fängt Diabolo Nr. 1, wirft es gleich wieder hoch – und zwar auf gleiche Höhe wie Nr. 3 -, um Nr. 2 zu fangen. Wirf jedes Diabolo im ständigen Wechsel ein wenig nach rechts hoch, damit es über dem rechten Handstock landet. Herzlichen Glückwunsch – jetzt beherrschst Du das „Shower"-Muster mit drei Diabolos!

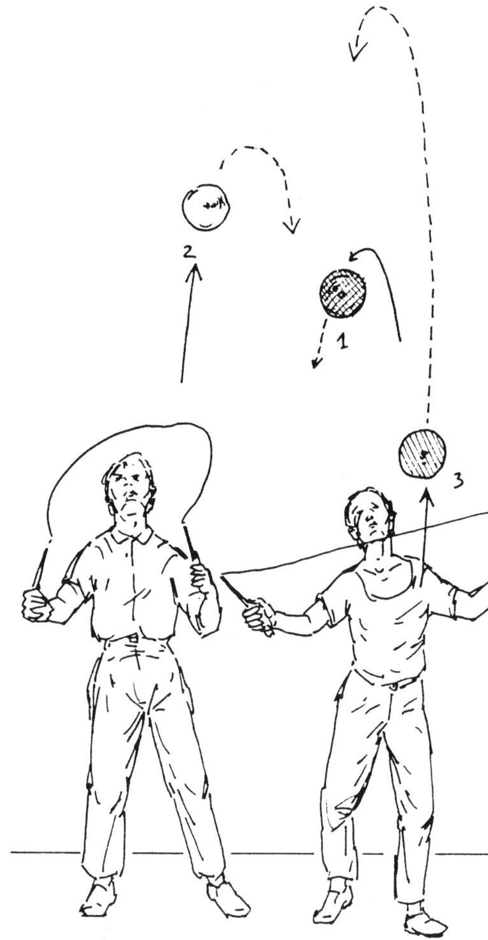

Es gibt auch andere Lernmethoden. Beispielsweise könnte der Assistent links vom Lernenden stehen oder das erste oder dritte Diabolo statt des zweiten einwerfen. Ihr solltet experimentieren, um herauszubekommen, was für Euch am besten funktioniert. Für uns hat sich die soeben beschriebene Methode bewährt.

Wenn Du drei Diabolos in der Luft halten kannst, kannst Du dazu übergehen, die drei alleine zu starten. Dreh ein Diabolo auf der Schnur an, die anderen beiden sind griffbereit. Wirf das erste hoch und nimm die anderen beiden in die Hand. Wirf sie nacheinander hoch, bevor das erste herunterkommt, und dreh sie dabei etwas an. Fang jedes Diabolo auf und wirf es sofort wieder hoch, und schon hast Du wieder das Shower-Muster. Das Schwierige dabei ist, die Drehzahl der letzten beiden Diabolos schnell hochzuschrauben, während Du sie in die Luft wirfst.

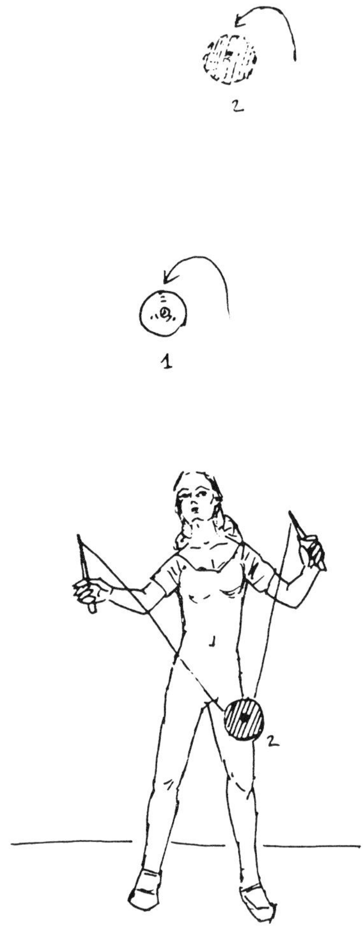

Drei auf der Schnur

Bitte Deinen Assistenten, sich mit einem Meter Abstand links von Dir aufzustellen. Er hat ein Diabolo auf der Schnur laufen, Du hast zwei. Halte Deine linke

Hand tiefer als die rechte, damit Dein Assistent genug Platz hat, sein Diabolo über Deine linke Hand hinweg auf die rechte Schnur zu werfen. Es ist sinnvoll, drei verschiedenfarbige Diabolos zu verwenden, damit Ihr die Positionen der Diabolos im Verhältnis zueinander leichter besprechen könnt.

Der Assistent hat hier eine Schlüsselaufgabe. Der Einwurf muß exakt getimt werden. Beobachte eines der kreisenden Diabolos – dieses eine Diabolo dient Euch als Markierung. Der Assistent zählt jedesmal den Takt, wenn das blaue Diabolo anfängt, die linke Schnur hochzusteigen und zum Absprung nach rechts anzusetzen. Bei „drei" wirft der Assistent das dritte Diabolo ins Muster hinein. Der Wurf sollte zeitgleich mit der „drei" erfolgen, nicht erst danach. Da das dritte Diabolo einen Meter weiter zu fliegen hat, landet es kurz nach dem „markierten" blauen Diabolo auf der rechten Schnur. Von vorne betrachtet sieht es zeitweise so aus, als würde das neue Diabolo direkt über und parallel zu dem markierten Diabolo fliegen.

Warum drei und nicht nur zwei verschiedene Farben? Weil Ihr die Diabolos beim Lernen oft fallenlassen werdet, und sie total durcheinander geraten werden. Wenn zwei Diabolos die gleiche Farbe haben, hat der Lernende manchmal versehentlich zwei gleichfarbige Diabolos auf der Schnur, was dem Assistenten das Einzählen schwerer macht.

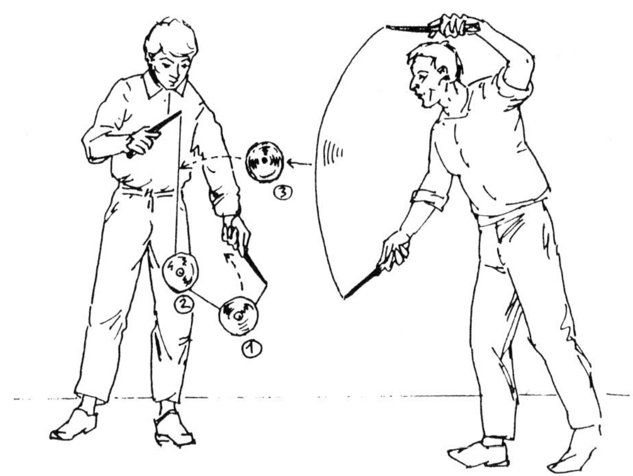

Passing mit vier Diabolos

Die beiden Partner beginnen mit je zwei Diabolos auf der Schnur. Gleichzeitig werft Ihr Euch ein Diabolo zu. Jeder wirft das zweite Diabolo ab, bevor das erste angekommen ist. Jongleure werden verstehen, was ich meine, wenn ich sage, daß das Muster ein „Halb-Shower" ist. Die Diabolos beschreiben eine sichelförmige Flugbahn.

Warum muß es ein Halb-Shower sein? Weil Ihr beide das Diabolo in der Nähe des rechten Handstocks auffangen wollt, damit es die rechte Schnur hinunterrollt und dabei angedreht wird. Der links stehende Partner muß weiter werfen als der rechte.

Kapitel V

EINE NUMMER AUFBAUEN

In diesem Kapitel geht es um den Aufbau einer Nummer. Es ist natürlich Dein gutes Recht, anderer Meinung als ich zu sein. Das ist völlig in Ordnung so. Ich hoffe dennoch, daß die Auseinandersetzung mit meinen Ideen Dir helfen wird, Deine eigenen Ideen deutlicher herauszuarbeiten. Auch wenn Du findest, daß das, was ich hier von mir gebe, Unsinn ist, wird es Dir vielleicht helfen, eine bessere Nummer aufzubauen, wenn Du weißt, warum es Unsinn ist. Ich habe diese Ideen nützlich gefunden, aber das heißt nicht, daß Du sie unbedingt anwenden mußt.

Die erste und wichtigste Frage bei einem Auftritt ist: wer bin ich? Sokrates sagte: „Erkenne Dich selbst." Ein guter Ratschlag für Künstler auch im persönlichen Bereich, aber mir geht es hier um den Charakter, den Du auf der Bühne darstellen willst. Alle, die mich um Hilfe bei ihrer Nummer bitten, frage ich deshalb als erstes: „Wer bist Du?"

Wenn Du weißt, wer Du bist, sind alle weiteren Fragen leichter zu beantworten. Die häufigste Antwort lautet vielleicht: „Ich bin Diabolospieler". Der Grund, warum Du auf der Bühne stehst, ist der, daß Du die Menschen mit Deinen Diabolotricks unterhalten willst. Du wirst wahrscheinlich eine Nummer mit musikalischer Untermalung vorführen. Der musikalische Stil, den Du aussuchst, definiert Deinen Charakter genauer, regt zu bestimmten Bewegungsabläufen an und hilft Dir bei der Kostümwahl.

Es gibt auch phantasievollere Antworten auf die Frage: „Wer bist Du?" Kobold, Prinz oder Zwerg sind ebenso denkbar wie Pizzabäcker, Pinguin oder Politiker. Denk dran, daß das Diabolo nicht immer als Diabolo erscheinen muß, sondern auch ein Werkzeug Deines Charakters werden kann. Wenn Du Deinen Charakter erkannt oder festgelegt hast, kannst Du Fragen stellen. Warum ist der Charakter so? Was hat er, sie oder es vor? Wie bewegt er sich? Beantworte diese Fragen und paß Dich der Logik der Situation an. Stück für Stück entsteht eine Nummer.

Im Grunde brauchst Du nur drei Dinge für eine Nummer: einen Aufgang, einen Abgang und etwas dazwischen. Wenn Du weißt, wer Du bist und was Du vorhast, wirst Du es einfacher haben, diese drei Dinge zu finden.

Du kannst diesen Prozeß auch durchmachen und Dich dann entschließen, eben nicht das Logische zu tun, sondern ganz bewußt die Logik zu durchbrechen, um eine komische Wirkung zu erzeugen.

Du mußt bedenken, daß die meisten Leute nicht wissen, was Diabolos sind und was man damit machen kann. Somit ist die Artistin oder der Artist im Vorteil, denn sie oder er kann machen, was er will, ohne an die Erwartungen anderer gebunden zu sein. Dies ist aber zugleich ein Nachteil, denn das Publikum weiß nicht, was es gut finden soll. Dies gilt grundsätzlich für alle Aspekte des Jonglierens, aber insbesondere für solch „esoterische" Bereiche wie das Diabolo.

Bedenke, daß das Diabolo etwas dem Publikum relativ Unbekanntes ist, und gestalte Deine Nummer entsprechend. Der Anfang der Nummer wird de facto zur Einführung in die Kunst des Diabolos, da Du den Zuschauern beibringen mußt, wie sie

Narbo *Foto: Emmanuelle Jacquot*

Felix Bürkle *Foto: Margit Müller*

Noelle Franco

die Tricks zu würdigen haben. Sobald sie ein Verständnis für die Diabolokunst entwickelt haben, kannst Du immer schwierigere Tricks vorführen, die sie dann beeindrucken werden.

Vergiß nicht, Dein Publikum anzuschauen. Du denkst vielleicht, daß das Diabolo das Wichtigste an der Nummer ist. Schließlich ist das der Grund, warum Du überhaupt auftrittst. Aber die Zuschauer sind gekommen, um einen Menschen zu sehen. Erst wenn Du den Kopf hebst und sie anschaust, bist Du für sie ein Mensch und nicht bloß eine Diabolodrehmaschine. Wenn nichts anderes geht, wirf das Diabolo einfach hoch und lächele sie an. Du wirst immer eine positive Reaktion hervorrufen.

Zum Schluß noch ein Geheimnis, das jeder wissen sollte: die Menschen lieben es, anderen Menschen zuzuschauen. Deshalb machen Restaurants und Cafés ein so blühendes Geschäft. Wir alle freuen uns über die Gelegenheit, andere Leute zu beobachten. Wir sind faszinierende Wesen für unsere Artgenossen. Live-Unterhaltung wird es immer geben, weil die Menschen sich so gerne zurücklehnen, um anderen zuzuschauen. Wenn Du bereit bist, Dich auf eine Bühne zu stellen, kannst Du davon ausgehen, daß das Publikum grundsätzlich bereits hinter Dir steht und Dir den Erfolg gönnt.

Die Geographie der Präsentation

Auf der theoretischen Ebene können wir den Körper eines Darstellers in drei Zonen aufteilen. Zone 1 ist der Bereich zwischen den Handstöcken und dem Boden, Zone 2 verläuft zwischen den Handstöcken und dem Kopf, und zu Zone 3 gehört alles über Kopfhöhe. Auch wenn Du durch einen hohen Wurf in Zone 3 hinein die größte Wirkung erzielen kannst, solltest Du versuchen, alle drei Zonen in Deine Nummer einzubeziehen. Beim Diabolospiel ist das relativ einfach, verglichen zum Beispiel mit der Keulenjonglage. Die meisten Keulenjongleure arbeiten ganz gut in den Zonen 2 und 3, schenken Zone 1 aber wenig Beachtung. Das soll kein Vorwurf sein, ich will nur auf eine oft ungenützte Möglichkeit hindeuten.

Beim Diabolospiel ist es ohne weiteres möglich, alle drei Zonen mit einzubeziehen. Beim normalen Start – Anrollen auf dem Boden – bist Du in Zone 1. Viele Standardtricks mit dem Diabolo laufen in

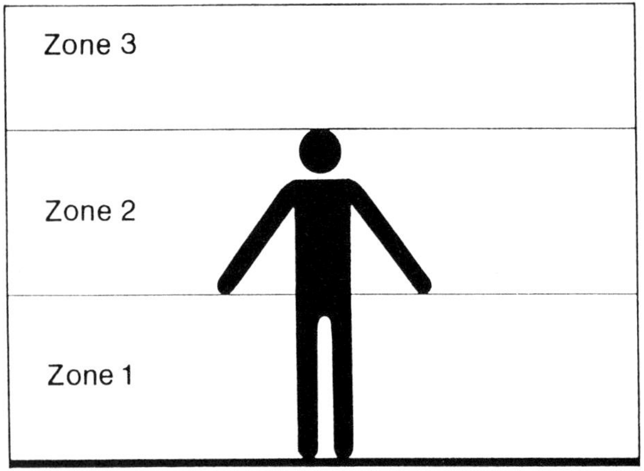

Zone 2 ab. Jedesmal, wenn ein Diabolo hochfliegt, machst Du von Zone 3 Gebrauch.

Beim Ausarbeiten einer Nummer solltest Du immer wieder einen Zonenwechsel einplanen. Wenn Du alle Tricks in Zone 2 vorführst, werden die meisten Zuschauer nicht in der Lage sein, sie auseinanderzuhalten. Für sie ist das Diabolo eben kein gewohnter Anblick. Aber wenn Du das Diabolo plötzlich hochwirfst, fällt es jedem auf.

Nachdem Du eine Zeitlang die Diabolos in Zone 3 hochgeschleudert hast, solltest Du alles auf Zone 2 oder sogar Zone 1 herunterbringen. Das ist auch ein Wechsel, den jeder erkennen kann. Ich empfehle Dir, mehrmals zwischen Zone 2 und Zone 3 zu wechseln, statt alle Zone-2-Tricks in einen Block zu packen, dann alle Zone-3-Tricks und Schluß. Für das durchschnittliche Publikum wäre das zu wenig Abwechslung.

Nichtsdestotrotz möchte ich Dich auch zum vorsichtigen Einsatz von Zone 1 ermahnen. An vielen Auftrittsorten können die meisten Zuschauer nicht sehen, was Du in Zone 1 machst. Sie müssen hochschauen, um etwas mitzukriegen zu können. Wenn Du Deine Tricks zu niedrig vorführst, werden die meisten Zuschauer nur den Hinterkopf des Vordermanns sehen. So verpassen sie möglicherweise Deine besten Sachen.

Die meisten Zirkusse und einige Theaterhäuser sind so gebaut, daß die Sitzränge höher als die Spielfläche sind. In einer solchen Situation, wo das Publikum auf Dich herunterschaut, wird man keine Tricks in Zone 1 verpassen. Will ich damit sagen, daß Du zwei verschiedene Nummern erarbeiten solltest: eine für herkömmliche Bühnen und eine für den Zirkus? Keine schlechte Idee!

Da von Zirkus die Rede ist, gebe ich Dir gerne eine Beobachtung weiter. Der Höhepunkt der meisten Zirkusprogramme ist eben das: ein Programmpunkt, der in der Höhe stattfindet. Fliegende Trapeztruppen, Hochseilartisten oder sogar Stelzenläufer fesseln das Publikum zum Teil deshalb, weil das Geschehen über den Köpfen der Zuschauer hinweg passiert. Heutzutage sage ich allen meinen Jonglierschülern – nicht nur den Diabolospielern unter ihnen -, sie sollten hohe Würfe einbauen. Das ist unsere Art zu sagen: „Die Luft gehört auch uns." Nach den positiven Reaktionen der Zuschauer zu urteilen, scheint das auch zu funktionieren.

Die Bühne voll ausnutzen

Auch die Bühne läßt sich sinnvollerweise in Zonen aufteilen. Ich weiß nicht, wie in professionellen Theaterkreisen die Bühnenaufteilung aussieht – außer, daß „Bühnenvordergrund" von „Bühnenhintergrund" unterschieden wird. Bei meiner eigenen Aufteilung gibt es drei Zonen in der Tiefe mal drei Zonen in der Breite. Das ergibt insgesamt neun verschiedene Zonen auf der Bühne.

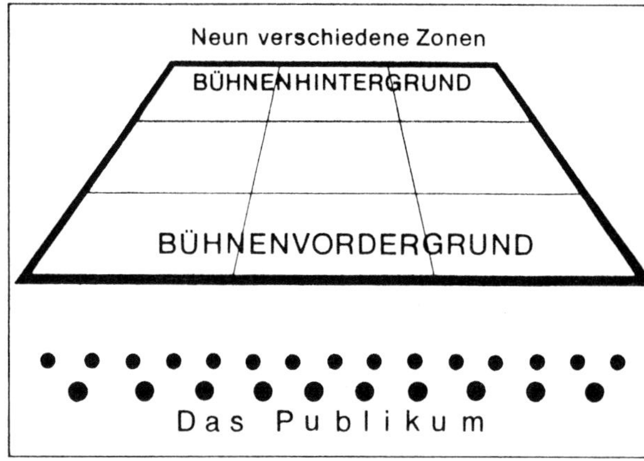

Bleib nicht die ganze Zeit in der Mitte, also in Zone 5 stehen. Nutze die ganze Spielfläche aus. Versuche, alle neun Zonen einzubeziehen. Das Publikum ist gekommen, um einen lebendigen Live-Unterhalter zu sehen, keine diabolospielende Statue. Nutze die ganze Dir verfügbare Fläche, mache sie Dir zu eigen.

In den Zonen 1-3 stehst Du offensichtlich sehr dicht am Publikum. Wenn Du einen Trick nicht ganz sicher beherrschst, solltest Du ihn nicht in diesen Zonen vorführen. Du darfst nicht riskieren, daß ein fehlgeworfenes Diabolo einen Zuschauer trifft. Das würde sich auf Deine Nummer negativ auswirken. Wenn Dir ein Trick riskant erscheint, solltest Du ihn entweder ganz streichen oder zumindest in den hinteren beiden Reihen, den Zonen 4-9, vorführen.

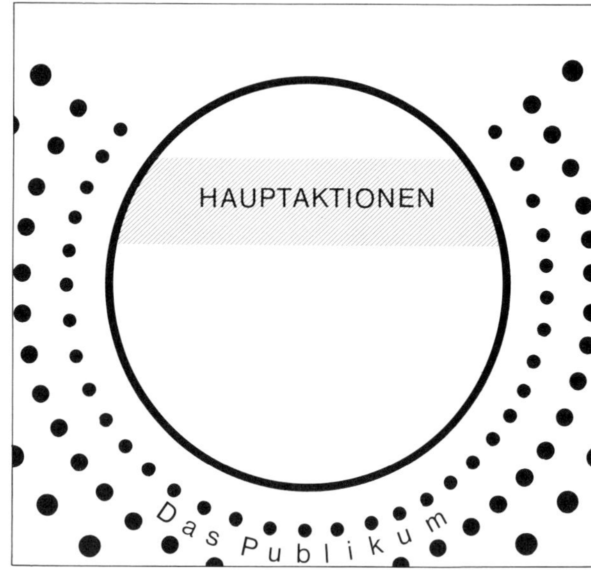

Zirkusauftritte

Wenn Du im Zirkus oder auf einer von allen Seiten einsehbaren Bühne spielst, mußt Du Deine Choreographie dieser spezifischen Umgebung anpassen. Da sich ein gut ausgewuchtetes laufendes Diabolo nicht ohne weiteres von der Wandebene abwenden läßt, bist Du quasi gezwungen, einen Großteil Deiner Nummer in der Wandebene zu spielen. Du kannst vor- und zurückgehen, oder nach links und rechts, aber der Gyroskop-Effekt des rotierenden Diabolos schließt diagonale Bewegungen aus. Im normalen Theater, wo der Grundriß der Spielfläche meist viereckig ist, wirken diese zweidimensionalen Bewegungen – vor und zurück, nach links oder nach rechts – relativ natürlich. Aber in der Zirkusmanege wirkt diese rechteckige Choreographie irgendwie fehl am Platz. Die Sehgewohnheiten des Zirkuspublikums werden durch die Dynamik von Pferdedressuren, Radartistik und anderen kreisförmigen Nummern geprägt. Um die Zirkusmanege optimal auszunutzen, sollten Deine Hauptaktionen im hinteren Drittel oder gar Viertel der Manege stattfinden, damit möglichst viele Zuschauer Dich von vorne sehen können, als säßen sie im Theater. Einrädrige Diabolos eignen sich besonders gut für Zirkusnummern, da sie Dich zwingen, Dich ständig im Kreise zu bewegen.

Körperlinien

Was die Choreographie und die Körperbewegung angeht, so gilt das Motto: Wenn Du was tun willst, dann tu es auch richtig! Mach keine halben Sachen! „Show" hat immer etwas von Übertreibung an sich. Die Leute haben bezahlt, um unterhalten zu werden. Mach alles überlebensgroß. Wenn die Nummer etwas mit einem Walzer zu tun hat, dann solltest Du den Walzer lernen und ihn gut tanzen. Auch wenn Du Dich für eine Walzerparodie entscheidest, solltest Du die Grundschritte so gut beherrschen, daß alle Zuschauer erkennen können, was Du parodieren willst. Achte darauf, daß sich Deine Körperlinien so verhalten, wie Du es möchtest, und das ausdrücken, was Du zum Ausdruck bringen willst. Wenn Du Deinen Arm nach rechts ausstrecken willst, solltest Du ihn wirklich ganz nach rechts ausstrecken.

Wenn Du auf der Bühne stehst, mußt Du selbst überlebensgroß erscheinen. Deshalb schminken sich Künstler. Dicke Augenbrauen, Rouge und Lippenstift wirken überladen, wenn man Dich aus der Nähe betrachtet, aber aus der Entfernung des Zuschauerraums siehst Du damit ganz gut aus. Saubere, scharf gezogene Linien sind auf der Bühne gefragt. Die einzige Ausnahme: vielleicht beherrschst Du diese Kunst schon und möchtest als Parodie absichtlich mit der Tradition brechen.

Musik

Ich bin kein Musiker. Die meisten anderen auch nicht. Aber wir alle können Musik zu unserem Vorteil einsetzen. Hier ein paar Anregungen, damit Du Deine Choreographie planen und Dich mit anderen über Deine Musik beratschlagen kannst.

Als erstes müssen wir uns über Taktvorzeichnungen unterhalten. Die meisten Musikstücke beruhen auf Viervierteltakt. Zähle gleichmäßig und immer wieder: „eins, zwei, drei, vier, eins, zwei, drei, vier..." Das ist Viervierteltakt. Wenn Du laut zählst, wirst Du feststellen, daß Du automatisch dazu neigst, den ersten Takt – die „Eins" – zu betonen. Dies solltest Du berücksichtigen, wenn Du eine Nummer auf Musik choreographierst. Versuche herauszuhören, wann die „Eins" kommt, und mache auf den Takt eine starke Bewegung. Hohe Würfe oder dynamische Auffangaktionen sehen noch besser aus, wenn sie zeitgleich mit der „Eins" ausgeführt werden.

Merkwürdigerweise paßt das Spiel mit einem Diabolo sehr gut zum Walzertakt. Beim Walzer zählst Du immer wieder „eins, zwei, drei, eins, zwei, drei". Es handelt sich also um Dreivierteltakt. Die Betonung liegt immer noch auf der „Eins", und auch hier ist es wirkungsvoll, wenn Deine starken Tricks mit der „Eins" zusammenfallen.

Wenn es Dir schwerfällt, den Takt mitzuzählen, solltest Du Dich auf das Schlagzeug oder den Baß konzentrieren. Hör nach dem Baß und versuche, eine Zeitlang mitzuzählen. Such Dir einen musikalischen Freund, der Dir dabei hilft oder sich Deine Nummer anschaut. Anfangs fiel es mir schwer, Diabolotricks auszuführen und mich gleichzeitig auf die Musik zu konzentrieren. Rechne mit einer erhöhten Fehlerquote bei Tricks, die Du glaubtest, schon perfektioniert zu haben. Zum Glück machen wir alle Fortschritte mit der Zeit.

Kostüme

Wenn Du vor Publikum auftreten willst, solltest Du auch entsprechend gekleidet sein. Das Spektrum der Möglichkeiten bei der Kostümwahl ist schier endlos. Ich werde nicht einmal ansatzweise versuchen, spezifische Ratschläge zu erteilen. Dennoch möchte ich einige allgemeine Bemerkungen machen. Das Wichtigste ist, daß Du Dir Gedanken über Dein Kostüm machst. Du solltest darauf achten, daß es Deine Vorstellung bereichert und keine abträgliche Wirkung erzeugt.

Du glaubst vielleicht, daß Du lediglich einige Supertricks mit dem Diabolo zeigst, aber das Publikum beobachtet die Präsentation als Ganzheit. Für die Mehrzahl der Zuschauer bist Du selbst, nicht Dein Diabolo, die Show.

Deine Art, Dich zu kleiden, sollte das Image, das Du präsentieren willst, unterstreichen.

Dein Kostüm sollte beispielsweise immer sauber und gebügelt sein – es sei denn, Du spielst den letzten Penner. Auch wenn Du Dich für Lumpen entscheidest, um eine bestimmte Wirkung zu erzeugen, solltest Du darauf achten, daß Deine Lumpen wenigstens sauber sind.

Bedenke die Farbe Deiner Diabolos und ihre Wirkung vor dem Hintergrund Deines Kostüms. Die Zuschauer müssen das, was Du ihnen vorführst, gut erkennen können. Wenn Du weiße Diabolos verwendest und Dein Hemd und Deine Hose auch weiß sind, werden etliche Tricks untergehen. Welche Schnurfarbe nimmst Du? Einige Diabolospieler tragen Handschuhe, damit ihre Hände auffallen.

Wenn Du auf einer Bühne spielst, mußt Du nicht nur die Farbe der Diabolos im Hinblick auf Dein Kostüm berücksichtigen, sondern auch die Wirkung Deines Kostüms und Deiner Diabolos vor dem Bühnenhintergrund. Wenn Du viel herumreist, lohnt es sich, zwei verschiedene Kostüme machen zu lassen – eines für helle und das andere für dunkle Hintergrundvorhänge.

Bei einer Diabolonummer bewegen sich insbesondere die Arme heftig. Wenn Du nicht aufpaßt, rutscht Dir ganz leicht das Hemd aus der Hose. Eine einfache Lösung: befestige das Hemd mit Sicherheitsnadeln an Deine Unterwäsche. Die elegantere Version: Klettband ans Hemd und an die Innenseite der Hose einnähen. Einige Künstler nähen sogar eine Unterhose an jedes Hemd fest, so daß sie praktisch ein Kleidungsstück bilden.

Wenn Du nicht vorhast, das Diabolospiel mit Einradfahren oder ähnlichem zu kombinieren, wirst Du wahrscheinlich keine Schwierigkeiten mit hochrutschenden Hosenbeinen haben. Nichtsdestotrotz gebe ich der Vollständigkeit halber einen Tip, wie Du erreichen kannst, daß die Hosenbeine unten am Knöchel bleiben, wo sie hingehören. Näh Dir ein Band ein und mach daraus eine Steghose. Das Hosenbein verdeckt das Band, das alles in Position hält, und Dir bleibt die peinliche Situation erspart, daß Deine Waden unfreiwillig zur Schau gestellt werden.

Trage bitte ein Kostüm und tritt nicht in Deiner normalen Straßenkleidung auf. Du willst doch auffallen. Laß Deine Kleidung Dir dabei helfen.

Der verdeckte Vorteil eines Kostüms besteht darin, daß Du dadurch zwangsläufig ein bestimmtes Ritual vor jedem Auftritt ausführen mußt. Der Zirkus und das Theater haben etwas Magisches an sich. Sie transportieren uns aus dem grauen Alltag in eine Welt der Phantasie. Nütze die Zeit, während Du Dich schminkst und umziehst, um den grauen Alltag abzustreifen und ein Künstler zu werden.

Kapitel VI

LEITFADEN FÜR DIABOLOPFLEGE UND -FÜTTERUNG

Als ich vor Urzeiten das Diabolospiel kennengelernt habe, gab keine große Auswahl. Ich kaufte ein Dutzend aus China importierte Holzdiabolos und fing an, Fehler zu begehen. Bei diesen pfeifenden Diabolos aus Holz lag die Sterblichkeitsrate relativ hoch. Noch bevor ich solch komplizierte Tricks gemeistert hatte wie Starten, Hochwerfen und Auffangen, hatte ich bereits alle 12 demoliert. Zum Glück haben sie nur $ 6 das Stück gekostet, und von daher glaube ich immer noch, ein Schnäppchen gemacht zu haben.

Die heutigen Diabolos sind viel robuster als meine ersten 12. Wir können uns heute alle glücklich schätzen, daß wir Zugang zu Diabolos aus modernen Gummiarten, Kunststoffen und Legierungen haben.

Auch wenn diese Hi-Tech-Diabolos nicht besonders anfällig sind, lohnt es sich, einige Vorsichtsmaßnahmen zu treffen. Während Deine Diabolos schlafen, solltest Du sie aufrecht stellen, statt sie auf

den Rädern liegen zu lassen. So bleiben sie rund und gut ausbalanciert.

Gewöhn es Dir ab, mit dem Fuß auf das Hinterrad zu treten, um die Schnur unter die Achse zu bringen. Heb lieber ein Rad hoch, statt das andere platt zu trampeln. Das hält sie länger in Form.

Beim Transport lagere ich meine Diabolos getrennt von meiner übrigen Ausrüstung, damit sie nicht verformt werden. Du könntest Dir eine lange Pappröhre so zurechtschneiden, daß alle Deine Diabolos hineinpassen. Schnell etwas Dekomaterial draufgeklebt und schon hast Du einen Koffer, den Du sogar mit Stolz auf die Bühne tragen könntest.

Die Schnur

Über die Schnur schrieb ich einiges im Buch 'Diabolo – spielend lernen', und ich stehe noch dazu. Wenn ich mit einem Diabolo spiele, nehme ich eine Schnur, die vom Boden bis zur Kinnhöhe reicht. Bei zwei oder mehr Diabolos verwende ich eine etwas kürzere Schnur, die vom Boden bis zum Schlüsselbein reicht. Deshalb bin ich zwar gezwungen, ein paar Tricks wegzulassen, andererseits wird dieser Verlust durch

die verbesserte Kontrolle beim Hochwerfen zweier Diabolos mehr als ausgeglichen.

Ich verwende Drachenschnur mit einem Kevlar-Kern und bin damit recht zufrieden. Neulich schlug Mathias aus Freiburg vor, ich sollte es mal mit der Schnur versuchen, aus der die Saiten für Badmintonschläger gemacht werden. Ich war von dem Handling angenehm überrascht. Zur Zeit komme ich mit beiden Schnurarten gut zurecht, aber es würde mich interessieren, was andere Leute dazu sagen.

Die Handstöcke

Jeder Handstock, der nicht kaputtgeht, soll mir recht sein. Ich neige heutzutage dazu, etwas kürzere Handstöcke zu benutzen. Ca. 42cm scheint jetzt vom Gefühl her die richtige Länge zu sein – früher waren es knapp 50cm. Probiere verschiedene Längen aus und finde heraus, welche Dir am besten gefällt.

Wichtiger ist für mich die Frage, wie die Schnur mit dem Handstock verbunden ist. Am besten finde ich die Variante, bei der die Schnur aus dem Ende des Handstocks wie aus einem Rohr herauskommt. Das heißt, ich muß zwar auf die Weltreise mit dem Diabolo an der Spitze des Handstocks verzichten (vgl. das Kapitel), aber dafür rutscht bei allen Knotentricks die Schnur viel leichter vom Handstock wieder herunter.

Schlußwort

Sind Diabolos nicht toll? Ich möchte mich dafür bedanken, daß Du Dein Interesse mit mir geteilt hast. Ich freue mich darauf, neue, noch bessere Tricks von Euch allen zu lernen.

Hier gibt es Kleinkunstbedarf:

Balance GmbH
Kortumstraße 5
44787 Bochum
Tel.: 0234-12051
www.balance-fahrradladen.de

Ballaballa
Zülpicher Straße 39
50674 Köln
Tel.: 0221-9231245
www.ballaballa.de

Diabolo Freizeitsport
Neustädter Straße 13
33602 Bielefeld
Tel.: 0521-172572
www.diabolo-freizeitsport.de

Flic Flac
26122 Oldenburg
Gaststraße 13
Tel.: 0441-27788
www.oldenburg.net/flicflac/

Henrys GmbH
In den Kuhwiesen 10
D-76149 Karlsruhe
Tel.: 0721-7836761
Fax: 0721-7836777
www.henrys-online.de

Flying Colors
Eisenacher Straße 81
10823 Berlin
Tel.: 030-78703636
www.jonglerie.de

Kaskaderos
Neidhardstraße 7
86159 Augsburg
Tel.: 0821-5895106
Fax: 0821-5895105
www.kaskaderos.de

Tillshop
Künstler-Equipment
Am Oberfeld 6
89407 Dillingen
Tel.: 09071-7290270
Fax: 09071-7290273
www.tillshop.de

Pappnase & Co.
Von-Essen-Straße 76
22081 Hamburg
Tel.: 040-29810410
www.pappnase.de

Stolina Magie
Robert Fislage
Hans-Böckler-Straße 50
59302 Oelde
Tel.: 02522-4258
www.stolina.de

Viennamagic
Stefan G. Simek
Marxergasse 7
1030 Wien
Austria/Österreich
www.viennamagic.com

Zum Autor:

Todd Strong schreibt regelmäßig eine Kolumne in Juggle, dem offiziellen Magazin der „International Jugglers´ Association", in der er auch Mitglied des Vorstands ist.

Er hat als Jonglierlehrer in Berlin gearbeitet und hatte einen Lehrauftrag für Jonglieren an der französischen „National Circus School". Er unterrichtet ständig an internationalen Jonglier-Workshops.

Er hat Abschlüsse in der Erwachsenenerziehung in Vancouver, Kanada, und für experimentelle Erziehung der Mankato State University von Minnesota, USA.

Von ihm sind in der Edition Aragon folgende Bücher derzeit erhältlich:

- Diabolo
- Devil Stick
- Diabolo Postcards

HENRYS
PROFESSIONAL JUGGLING EQUIPMENT
Keulen, Diabolos, Yo-Yos, Beanbags, Jonglierartikel und vieles mehr...
www.henrys-online.de
Henrys GmbH | In den Kuhwiesen 10 | D-76149-Karlsruhe/Germany
Tel.: 07 21-7 83 67 61-62-63 | Fax 07 21-7 83 67 77 | info@henrys-online.de

www.Kaskaderos.de
Jonglieren - Feuer - Magie - Einrad
Alles Rund ums Diabolo
- alle Marken
- Handstäbe
- Ersatzteile
- umfangreiches Zubehör
Kaskaderos
Neidhardstr. 7
86159 Augsburg
Telefon: 0821 - 58 95 106
Fax: 0821 - 58 95 105